国家十二五规划图书·前沿科技聚焦

丛书顾问：谢家麟　刘嘉麒

新型交叉学科

核考古

冯向前　闫灵通　李　丽　著

科学普及出版社
·北　京·

图书在版编目（CIP）数据

新型交叉学科——核考古 / 冯向前等著 . —北京：
科学普及出版社，2015.7
（前沿科技聚焦）
ISBN 978-7-110-08923-1

Ⅰ. ①新… Ⅱ. ①冯… Ⅲ. ①核技术应用—考古技术
Ⅳ. ① K854-39

中国版本图书馆 CIP 数据核字 (2015) 第 126273 号

策划编辑	赵　晖　付万成
责任编辑	付万成　夏凤金
装帧设计	中文天地
责任校对	何士如
责任印制	张建农

出版发行	科学普及出版社
地　　址	北京市海淀区中关村南大街16号
邮　　编	100081
发行电话	010-62103130
传　　真	010-62179148
网　　址	http://www.cspbooks.com.cn

开　　本	787mm × 1092mm　1/16
字　　数	200千字
印　　张	7
版　　次	2015年9月第1版
印　　次	2015年9月第1次印刷
印　　刷	北京凯鑫彩色印刷有限公司
书　　号	ISBN 978-7-110-08923-1 / K·137
定　　价	35.00元

目录

第一章 放射性同位素测年技术

放射性同位素测年法（也指放射性测年法）是根据岩石的放射性元素的衰变估测它们年龄的过程。在自然界中，有某些种类的原子是不稳定的，会自发改变（衰变）成其他种类的原子。例如，铀会通过一系列步骤发生放射性衰变，直到它变成稳定的元素铅。同样地，钾衰变成元素氩。最初的元素是指母元素（铀和钾），最终所得到的元素称为子元素（铅和氩）。

第一节 加速器质谱 ^{14}C 测年技术

碳－14（^{14}C）测年法又叫作放射性碳素断代法，该方法是由 1960 年诺贝尔化学奖获得者美国芝加哥大学利比（Willad Libby）教授（图 1－1）于 1994 年首次提出，并随之得到了快速的发展。该方法对于考古界和地质界具有重要意义。它使多数国家的史前年代学有了统一的时间尺度，被誉为“放射性碳素的革命”。在考古研

图 1－1 美国芝加哥大学利比教授

究中，^{14}C 常规测年方法得到了广泛的应用，然而很多珍贵的文物由于其含碳量有限而使 ^{14}C 常规测年方法无法使用。针对 ^{14}C 常规测年方法的局限性，20 世纪 70 年代末加速器质谱 ^{14}C 计数法以 1987 年在罗切斯特大学召开的第一次国际加速器质谱会议为标志诞生。^{14}C 测年技术之所以在国际范围内得到普遍推广，是由于其理论完整，又采用了现代精确测试技术。特别是近年来对一些技术的改进，如利用校正曲线使测量结果直接转换成样品实际年龄；样品制样方法和技术提高；加速器质谱仪和微型计算机的使用更增加了其测定结果的精确性。应用范围予以扩大，它不仅用于考古学中，而且在第四纪晚期地质年代学、古气候、古地理、海洋学等也广泛使用。

一、加速器质谱 ^{14}C 测年技术原理

自然界存在三种碳的同位素：^{12}C、^{13}C、^{14}C，前两者比较稳定，而 ^{14}C 属低能量的放射性元素。^{14}C 的产生和衰变处于平衡状态，其半衰期为 5730 ± 40 年（现在仍使用 5568 ± 30 年）。宇宙射线同地球大气发生作用产生了中子，当热中子击中 ^{14}N 发生核反应并与氧作用便产生了地球上的 ^{14}C。在大气环境中新生 ^{14}C 很快与氧结合成 $^{14}CO_2$，并与原来大气中 CO_2 混合，参加自然界碳的交换循环。植物通过光合作用吸收大气中的 CO_2，动物又吃植物，因而所有生物都含有 ^{14}C。生物死后，尸体分解将 ^{14}C 带进土壤或大气中，大气又与海面接触，其中的 CO_2 又与海水中溶解的碳酸盐和 CO_2 进行交换。可见，凡是和大气中进行过直接、间接交换的含碳物质都含 ^{14}C。同时 ^{14}C 又以 5730 年的半衰期衰变减小；加上碳在自然界的循环交换中相当快，使得 ^{14}C 在世界各地的水平值基本一致。如果生物体一旦死亡，^{14}C 得不到补充，其中的 ^{14}C 含量就按放射性衰变规律减少，经过 5730 年减少为原来的一半。因此可以计算出生物与大气停止交换的年代 t，即推算出生物死亡的年代。所以，一切死亡的生物体中的残存有机物以及未经风化的骨片、贝壳等都可用 ^{14}C 来测定年代。

要说明的是，^{14}C 测年法基于几个假设条件之上：①假设大气中 ^{14}C 的产生率不变。地球上的交换碳近数万年来基本恒定，但 19 世纪后半叶工业活动的增加，20 世纪原子弹的爆炸形成的工业效应、原子弹效应，已减少了大气中 ^{14}C 的含量。②假定放射性衰变规律不变，不受任何外界环境的影响，生物样品一旦死亡就停

止与碳储存库进行自由交换。半衰期最初为 5568 年，近年来推算应为 5730 年，但这个对研究影响不大。③地球上各交换库中 ^{14}C 的放射性比重不随时间、地点、物质种类而改变，这个假设经检验基本成立。国际公认 ^{14}C 测年中的 BP 起算点是 1950 年（因为之后人工核爆炸产生的大量 ^{14}C 对大气影响很大），1850—1950 年的样品因工业化过程释放的 CO_2 使得 ^{14}C 测年数据稍偏老。

^{14}C 测年技术的基本思想是，若已知一个放射性核素的半衰期，可以利用核衰变规律，建立一个时钟测定过去流逝的时间。在技术上先将待测样品转化为石墨，然后在加速器中将石墨离子化，通过加速器将石墨离子束流中的 ^{12}C、^{13}C 和 ^{14}C 离子分开，并测量它们各自的束流强度，并用粒子探测器对束流中 ^{14}C 离子进行计数探测，从而得到样品相对于现代碳标准物质中 ^{14}C 相对于 ^{12}C 或 ^{13}C 的原子数之比。进而利用放射性核素 ^{14}C 的半衰期来计算样品的年代。

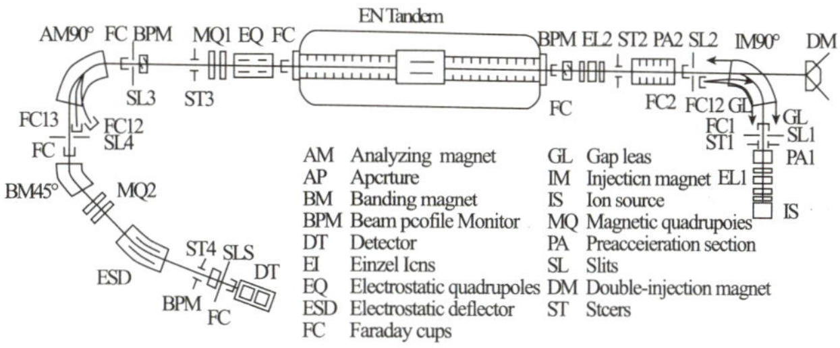

图 1-2　北京大学加速器质谱仪原理图

图 1-3　北京大学加速器质谱 ^{14}C 测年装置

常规 ^{14}C 测年技术的主要缺点是耗费的样品量大和测量时间过长，一般要求样品中至少含有 1g 碳并且测量时间超过一天。加速器质谱 ^{14}C 测年技术是通过直接测量样品与现代碳标准物质中 ^{14}C 相对于 ^{12}C 或 ^{13}C 的原子数之比来定样品年代的，不必像常规技术那样测量原子的衰变，因而极大地提高了样品的利用率。它主要的优点有：①样品用量少。取样 1mg 甚至更少的量就可以满足测量需求，从而使该技术可以应用于更多的样品。②缩短了测量时间。测量一个样品只需要几十分钟，从而大大地提高了工作效率。

二、^{14}C 年龄系统误差的树木年轮校正

^{14}C 测年技术有三个假设，其中前两个假设是最基本的，只有严格成立了才能保证大气有恒定不变的 ^{14}C 同位素丰度和放射性比活度。但是大量研究表明，这两个前提仅仅是近似成立，R_0 和 A_0 随时间有一定幅度的变化和涨落，因此用固定的 R_0 和 A_0 来计算 ^{14}C 年龄会导致一定的系统误差，需要加以校正。校正是通过系统的测量已建立标准树木年龄宽窄模式的年轮样品的 ^{14}C 年龄，建立 ^{14}C 年龄树轮校正曲线来实现的。

图 1-4 是约 1 万年跨度的 ^{14}C 树轮年龄校正曲线，由图可见曲线有两个明显的特点：①对于公元前的样品，^{14}C 年龄系统的偏年轻，而且样品年龄越老，偏离越大，对于 BC8500 的样品，实测的 ^{14}C 年龄仅距今约 9700 年，即 ^{14}C 年龄偏年轻约 1000 年，因此 ^{14}C 测年结果必须校正。② ^{14}C 年龄树轮曲线不是一条单调变

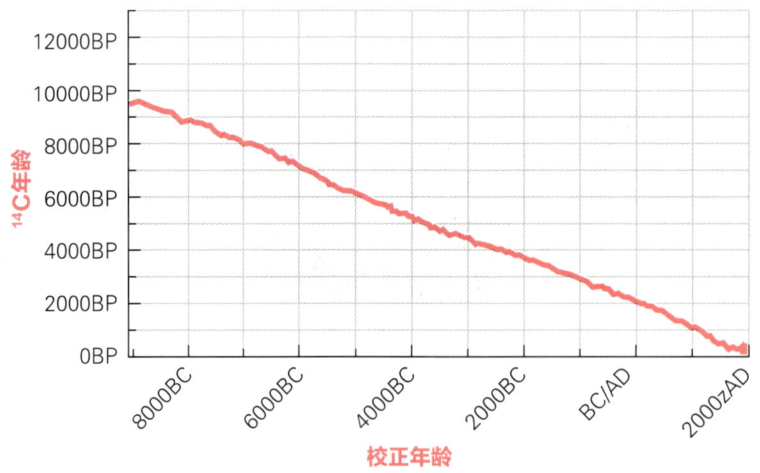

图 1-4 1 万年以来 ^{14}C 年龄树轮校正曲线

化的曲线，而是有很多幅度的起伏。将图 1-4 放大后（如图 1-5 所示），可以看到起伏还是很明显的。

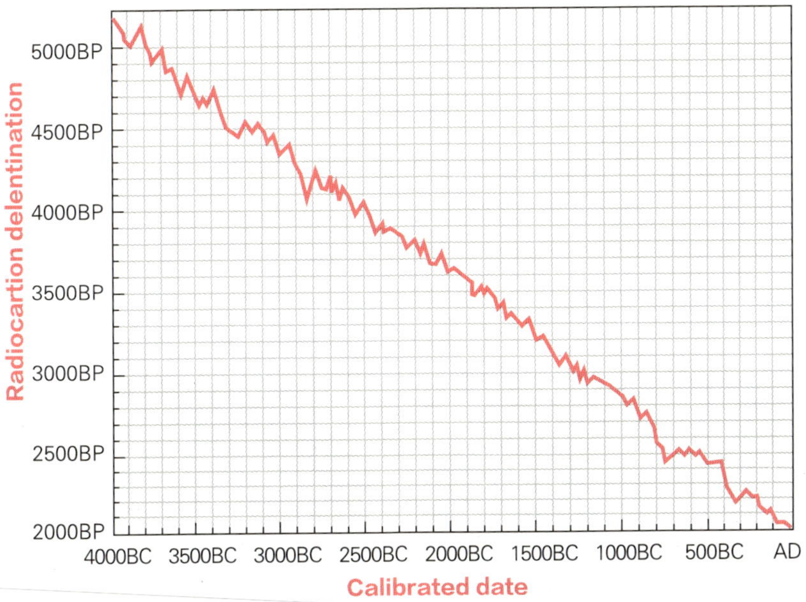

图 1-5 放大后的 ^{14}C 年龄树轮校正曲线

三、加速器质谱 ^{14}C 测年技术典型应用

1. 耶稣裹尸布之谜

在意大利西北部的城市都灵，从 16 世纪起就有一件镇市之宝保存在约翰大教堂附属的小礼拜堂里，世代承受着基督教信徒的顶礼膜拜，这件被誉为基督教的圣物，就是举世闻名的“都灵裹尸布”，又称作“耶稣裹尸布”（图 1-6）。

据《圣经 · 新约》记载：耶稣在十字架上被钉死后，门徒四散逃亡，尸体无人收殓（图 1-7）。幸好“有一个人名叫约瑟的义士，为人善良公正。这人去见彼拉多，求耶稣的身体获准就取下来用细麻布裹好，安放在石头凿成的坟墓里。”想不到第七天，耶稣神奇地“复活”了，墓穴洞开，不见了踪影。他的门徒彼得听

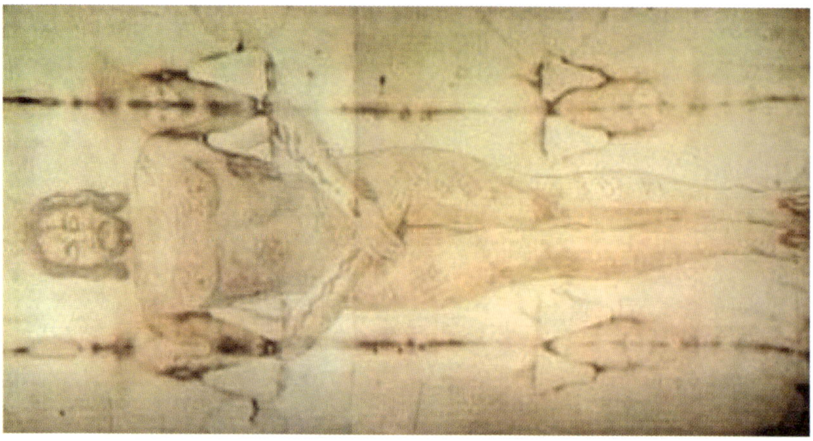

图 1-6 耶稣裹尸布

图 1-7 耶稣受难图

闻此事，连忙“跑到坟墓前，低头往里看，只见细麻布独在一处……”这便是西方复活节的由来。

对于这块细麻布的下落,《圣经》没有再作交代，直到 1353 年，裹尸布到了法国巴黎沙尔尼伯爵手中，并曾于 1357 年在其领地的利雷教堂公开展出。1432 年，裹尸布又到了萨夫瓦公爵的手中，不久公爵府中不慎起火，殃及裹尸布，所幸此布只是稍微受损。之后，裹尸布被转移到意大利都灵大教堂公爵住的地方。1983 年，这块布被郑重地保存在一个银盒中，供奉在都灵天主教堂的祭台上。

耶稣裹尸布长 4.35 米，宽 1.09 米，上面有一个遭鞭笞和被钉在十字架上的人的血迹影像。影像身高 1.8 米，长发垂肩，双手交叉放置于腹部，在头部、手部、肋部与脚部有清晰的红色血渍状色块，正与《圣经》上所记载的耶稣被钉死时的状态相同。

这块裹尸布真的是耶稣基督受难的遗物吗？几百年来，历史学家、宗教学家、科学家围绕着它的真伪众说纷纭，争论不休。迫于各方面的压力以及人类好奇的天性，1986 年 9 月 29 日，在意大利都灵召开了一次由教皇科学院院长主持的专题技术讨论会，出席会议的有都灵大主教的代表、教皇科学院以及来自法国、瑞士、英国等有关科学家共 22 人。会议达成协议，同意剪取邮票大小的样品，由世界先进的、有超高灵敏度的加速器质谱计（AMS）进行测定（图 1–8）。

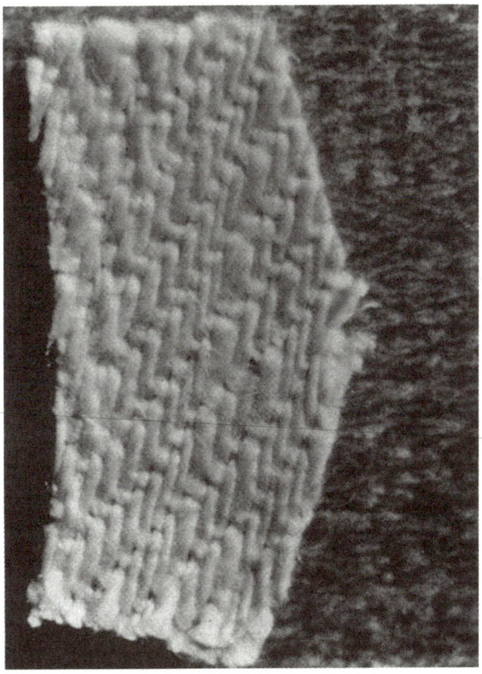

图 1–8 剪取的布条

1998 年 4 月 21 日，不列颠博物馆的考古权威和大主教一起来到都灵大教堂，把传说中耶稣当年受难时的裹尸布剪下长 7cm、宽 1cm 的布条，分成三小块，在对方不知情的情况下，分别寄往美国亚利桑那大学、英国牛津大学和瑞士苏黎世联邦理工学院 AMS 测年实验室检测。实验表明，三家实验室达到了极佳的一致性，各个结果的差异在 120 年以内。裹尸布在 1260—1380 年之间制成的可能性为 95%，而有 100% 的肯定性表明决不会早于公元 1200 年。1998 年 10 月 13 日，都灵大主教、红衣主教巴莱斯特雷罗在召开的记者招待会上正式宣布，这件几个世纪以来被基督徒奉为圣品的耶稣基督裹尸布，并非耶稣受难时所用，而是中古时期织出的一件赝品。至此，所谓的耶稣裹尸布真相大白。

牛津大学鉴定裹尸布的加速器质谱计的主体部件之后免费送给北京大学重新组装应用。这是我国第一套加速器质谱 ^{14}C 测年系统。该系统是由北京大学核物理学家刘克新、鲁向阳等人组装起来的（机身全长达 120 余米）。

不过，此事后来又出现了反复，据说有科学家使用“微化学法”重新对裹尸布进行了取样分析后，惊人地发现：在 1998 年的实验中，三家实验室的化验样品只不过是都灵裹尸布的一块补丁，而新的鉴定认为，主体部分要比这块补丁早得多。这块补丁是因为失火受损后补上去的，因当时补得非常仔细，加上年代久远，看上去与其他部分没有什么区别，然而，检测试验恰恰剪到了补丁部位。采用“微化学法”试验表明，裹尸布的主体部分要比补丁的年代早很多。

2. 夏、商、周断代工程

中华文明具有悠久的历史，然而真正有文献记载年代的“信史”却开始于西周共和元年（公元前 841 年，见于《史记·十二诸侯年表》），此前的历史年代都是模糊不清的。司马迁在《史记》里说过，他看过有关黄帝以来的许多文献，虽然其中也有年代记载，但这些年代都十分模糊而又不一致，所以他便弃而不用，在《史记·三代世表》中仅记录了夏商周各王的世系而无具体在位年代。因此共和元年以前的中国历史，事实上一直没有一个公认的年表。

第一个对共和元年以前中国历史的年代学作系统研究工作的学者是西汉晚期的刘歆。刘歆的推算和研究结果体现在他撰写的《世经》中，《世经》的主要内容后被收录于《汉书·律历志》。从刘歆以后一直到清代中叶，又有许多学者对共和元年以前中国历史的年代进行了推算和研究。这些工作都有一定的局限性，因为他们推算所用的文献基本上不超过司马迁所见到的文献，所以很难有所突破。晚清以后情况有些变化，学者开始根据青铜器的铭文做年代学研究，这就扩大了资料的来源。1899 年甲骨文的发现又为年代学研究提供了新的材料来源。进入 20 世纪后，中国考古学的发展又为研究夏商周年代学积累了大量的材料。

1995 年秋，国家科委（今科技部）主任宋健邀请在北京的部分学者召开了一个座谈会，会上宋健提出并与大家讨论建立夏商周断代工程这一设想。

1995 年底国务院召开会议，成立了夏商周断代工程的领导小组，领导小组由国家科委、自然科学基金会、科学院、社科院、国家教委（今教育部）、国家文物局、中国科协共七个单位的领导组成，会议聘请了历史学家李学勤、^{14}C 专家仇士华、考古学家李伯谦、天文学家席泽宗作为工程的首席科学家。

1996 年春，夏商周断代工程组织了一个由不同学科的 21 位专家形成的专家组，并拟定了夏商周断代工程可行性论证报告。可行性论证报告在 1996 年 5 月得到了通过。

1996 年 5 月 16 日国务院召开了会议正式宣布夏商周断代工程开始启动。这一科研项目，涉及历史学、考古学、天文学、科技测年等学科，共分 9 个课题，44 个专题，直接参与的专家学者达 200 人。

夏商周断代工程对传世的古代文献和出土的甲骨文、金文等材料进行了搜集、整理、鉴定和研究；对其中有关的天文现象和历法记录通过现代天文学给予计算从而推定其年代；同时对有典型意义的考古遗址和墓葬材料进行了整理和分期研究，并进行了必要的发掘，获取样品后进行 ^{14}C 测年。

2000 年 11 月 9 日，夏商周断代工程正式公布了《夏商周年表》。《夏商周年表》定夏朝约开始于公元前 2070 年，夏商分界大约在公元前 1600 年（有学者列出更具体年代前 1556 年，但仍有争议）；盘庚迁都约在公元前 1300 年，商周分界（武王伐纣之年）定为公元前 1046 年。依据武王伐纣之年和懿王的元年的确立，建立了商王武丁以来的年表和西周诸王年表。如果该工程结论顺利为学术界接纳的话，将为研究中国古代文明的起源和发展提出一个全新的历史新年表。

2001 年 11 月 9 日正式公布了夏商周年表，把我国的历史记年由公元前 841 年向前延伸了 1200 年（图 1-9）。

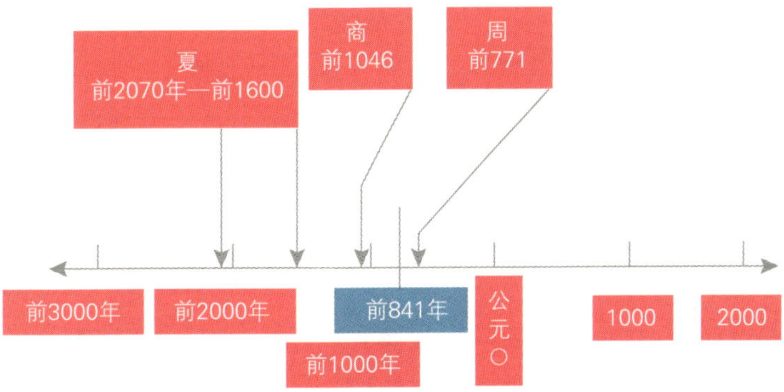

图 1-9　夏商周年表

然而，在 2003 年 8 月底召开的讨论《繁本》的专家会议上，不少与会学者采取了慎重的态度，他们要求对每个学术上有争论的问题都应列出各种不同之意见，由于学者们的这一主张，已大致写好的《繁本》未能获得通过。不过以考古学的研究态度来说，学者们这样的态度是合理而负责的要求，符合学术规范。今后会有更多的文物出现，支持或否定夏商周断代工程的结论。

3. 神秘冰人

阿尔卑斯山 3000 米雪域冰谷，白雪皑皑，人迹罕至。冰人奥茨（因其发现地位于奥茨）便长眠于此，直到 1991 年 9 月，一对德国徒步探险的夫妇发现了他的遗体，从此宁静不再（图 1–10）。

图 1–10　神秘冰人（左）及其复原图（右）

发现冰人时，他全身被包裹在透明的冰凌之中，俯卧，脸深埋在冰中，身边隐约散落着他的衣物、工具。探险家夫妇认为他不过是个普通遇难登山者的遗体。通常在雪线以上，遇难之后，尸体很快便被新雪覆盖，并速冻成冰，少有腐烂。很多的干尸便是这样被发现的。即便如此，眼前的情景仍是让这对夫妇感到惊惧。他们用最后一张胶卷拍下现场全景，遂向警方报案。当局深知当地的冰川已渐融化，一些失踪的登山者的遗体也开始显露。所以，他们同样揣测冰人不过死于登山事故。这也就解释了为什么救援者在挖掘尸体时会如此疏忽大意。他们并没有尽可能地保护尸体免受损害，而只是设法把他从冰凌中“救”出来。他们顺手拿过旁边的一根棍子（实为他的弓）用来撬冰。有人抓住他露在外面的衣服一角猛拽，衣服被一撕而碎。一位性急的救援人员甚至动用了手提钻，在冰人的右臂上留下一个永久的洞。一番忙碌之后，冰人终于自冰柩而出，却又被裹在黑色油布里塞进一副棺材里时折断了左臂。当摄影师被获准拍照的时候，冰人躺在附近的一家殡仪馆里，全身的皮肤已经开始发霉。

两日之后，他被运往法医部；次日又转往解剖部，在那里取了骨骼和臀部肌肉 20~30mg，用加速器质谱计测量 ^{14}C 的含量，结果令人震惊：他不是一名现代登山者，而是来自远古时代的先人，冰人生活年代在公元前 3350—前 3300 年的概率为 56%，在公元前 3210—前 3160 年的概率为 36%，在公元前 3140—前 3120 年的概率为 8%。那时埃及的金字塔还未建成，欧洲仍处于原始农业社会。迄今为止，他是世界上年代最久远的一具干尸，保存情况之良好，甚至留存着细胞组织的分子结构。

4. 陶器溯源

中国是世界著名的文明古国之一。华夏民族在世界科学史上和文化史上，都曾写下过光辉灿烂的篇章，其中陶瓷的制作工艺及其发展，更是绚丽多彩，鲜艳夺目的一页。

在旧石器时代，中国古人们只能对木、石、骨等天然材料进行加工，将其制作成器具。当古人们经过长期的观察和实践后，把黏土用水湿润，塑制成型，再经高温焙烧，使之成为胎体坚固的器具，这样便产生了陶器。陶器的出现，标志着新石器时代的开端。陶器的发明，也大大改善了人类的生活条件，在人类发展史上开辟了新纪元（图 1-11）。

图 1-11 早期的陶器

陶器究竟是怎样发明的，目前还缺乏可靠的材料予以详尽地说明。但可以明确的一点是，陶器的产生是和农业经济的发展联系在一起的，一般是先有了农业，然后才出现了陶器。在人类进入新石器时代，由于农业和牧畜业的出现，开始了定居、半定居的生活。特别是农业的发生和发展，为人类提供了比较可靠而稳定的可供食用的谷物。谷物都是颗粒状的淀粉物质，不像野兽的肉体便于在火上烧烤食用。同时，剩余的食物需要储藏起来。正因为如此，随着农业经济的发展和定居生活的需要，人们对于烹调、盛放和储存食物及汲水器皿的需要越来越迫切。从而促使人们在生活实践中，创造出与人类生活息息相关的陶器。陶器的产生和发展，是中国劳动人民几千年来在生产斗争中辛勤劳动的结果。从民族学和考古学上都可以得到充分的物证。

中国最早的陶器出现于何时呢？中国古代有着“黄帝以宁封为陶正”（黄帝命宁封为制陶的官）、“舜陶于水滨”（舜在水滨制陶）等传说。然而，从近几十年考古发掘的情况来看，目前发现的最早陶器实物，要比传说中的“黄帝”时代早上三四千年。距今八九千年以前新石器时代开始出现，几千年来一直是人类的主要生活用具。这时的陶器由于烧造工艺的不同，还出现了红陶、灰陶和黑陶等不同品种的陶器。与此同时，人们为防止陶器经火烧或水浸泡断裂，而在泥土中加入砂子，烧制成泥质夹砂灰陶和夹砂红陶。此类陶器多用于烹调器、汲水器和大型容器。故又有泥质陶和夹砂陶之分。

陶器的出现，给人类的生活带来很大的变化，具有重要的意义，陶制的纺轮、弹子及陶刀之类的工具，也陆续在生产中发挥作用。因此陶器迅速成为生活必需品，受到了应有的重视，于是制陶业很快发展成为新石器时代一项重要的手工业。

考古发掘充分表明，在我国新石器时代一开始，许多地区就开始了陶器的制作，这从原始母系氏族社会、原始父系氏族社会和奴隶社会的出土古文化遗址中得到明证。

仰韶文化距今五六千年，彩陶是仰韶文化的主要特征，根据 ^{14}C 测定，年代距今约 7000~5000 年（图 1–12）。这时期的陶器以红陶为主，灰陶、黑陶次之，红陶分细泥红陶和夹砂红陶两种，主要原料是黏土，有些器皿根据其用途不同而掺杂少量砂粒。陶器皿种类主要有盆、罐、钵和小口尖底瓶等，质地有泥质陶和夹砂陶。如炊饪器，原料中往往有意识地掺杂少量的砂粒，以便改变陶土的成型性能和成品的耐热急变性能，砂粒的这些作用，相当于现代陶瓷工业中使用的“熟料”，这说明当时对原料性能已有相当认识。

图 1-12　仰韶文化时期的陶器

龙山文化（图 1-13），据 ^{14}C 测定，年代距今约 4300~3800 年，黑陶是最具代表性的器物，尤以“蛋壳黑陶”最为精美。这种艺术的珍品是用黏土细泥经过精细加工烧造的。在陶坯成形后半干时，用细石打磨，显出光泽。在将烧制完成时，用泥封闭窑顶和窑门，并在窑顶上徐徐加水，使它渗入火膛，导致产生乌黑的浓烟，把陶器熏黑。这种黑陶使用时间越长，因长期通过手的按摩，表面越显光亮。龙山文化的陶窑，是对仰韶文化的横穴窑进行了改进，加深了火膛，缩小了火口，使空气更充足，有助于提高窑温。窑室呈圆形，可使温度均匀，窑壁上部向内作弧形收缩，便于封窑。

图 1-13　龙山文化时期的陶器

第二节　铀系同位素测年技术

铀系同位素测年技术（Uranium-series Dating）又叫不平衡铀系断代法，就是利用样品中的铀系和钍系子体放射性的不平衡性测定年代技术的总称。它是测量 60 万年以来地质和考古事件的一种重要测年方法。其测年对象有动物骨和牙化石、地层中自生的碳酸盐、珊瑚和深海沉积物等。对于未风化和未结晶的珊瑚和洞穴碳酸盐，铀系测年的精度非常高。铀系测年法在第四纪环境中起到极为重要的作用，并且还是建立中更新世以来人类进化的时间标尺的主要手段之一。

一、铀系同位素测年技术的基本原理

铀系测年法要满足初始条件和封闭条件，初始条件是要求材料在初始时应当只含铀（U），不含钍（Th）和镤（Pa）；封闭条件是样品形成以后不再有铀的进一步加入，也不能发生铀、钍和镤的析出。如果样品满足上述两个条件，那么样品形成后，随着铀的衰变，样品中的 ^{230}Th 和 ^{231}Pa 会按照放射性衰变和增长的规律不断增长，直至达到新的平衡。根据 ^{230}Th 和 ^{231}Pa 的增长程度，就可以测定样品保存至今的年代。

二、铀系同位素测年技术的三种技术

铀系测年法主要工作就是测量样品的 $^{230}Th/^{238}U$、$^{234}U/^{238}U$ 和 $^{231}Pa/^{235}U$ 等的比值。先后发展了 α 能谱法、质谱法和 γ 能谱法三种技术来测量这个比值。

1. α 能谱法

该方法主要应用于 20 世纪 80 年代，该方法通过测量这些放射性核素衰变放射出的不同能量 α 射线的强度来计算样品中这些核素之间的放射性活度比。中国科学院地质研究所、北京大学和南京师范大学等曾先后建立了 α 能谱铀系测年实验室，测量了很多样品的年代，但目前该技术基本上已很少被应用（图 1-14）。

图 1-14　阿尔法谱仪

2. 质谱法

质谱法是用质谱仪直接测量这些核素的摩尔比，这项技术刚发展二十几年。质谱法较 α 能谱法具有灵敏度高、使用样品少、测量时间短和测量精度高等显著优点，因此是当前国际上铀系测年实验室中普遍采用的技术。在国内目前中国科学技术大学和南京师范大学等地方建立了质谱铀系测年实验室（图 1-15）。

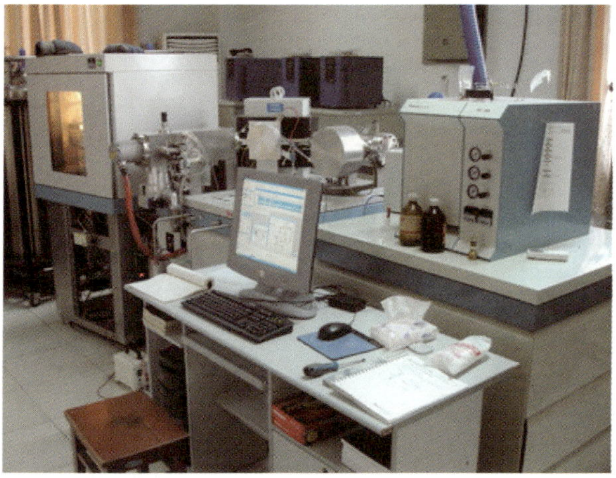

图 1-15　南京师范大学质谱仪

3. γ 能谱法

使用低本底 γ 能谱仪，通过直接或者间接方法测量样品中 ^{238}U、^{234}U、^{230}Th 和 ^{231}Pa 等核素衰变放射出的 γ 射线强度来测量核素间的含量比。其突出的优点是对样品的无损检测，可直接将珍贵的古人类化石当作测年对象，无需损坏。这对测定某些出土层位不清楚的古人类化石具有重要的意义。但是该方法测年的精确度远不如上述两种方法高，特别是测量 ^{234}U 时，它的两条 γ 射线均被其他核素的更强的 γ 射线所覆盖，因此导致了严重的误差（图 1–16）。

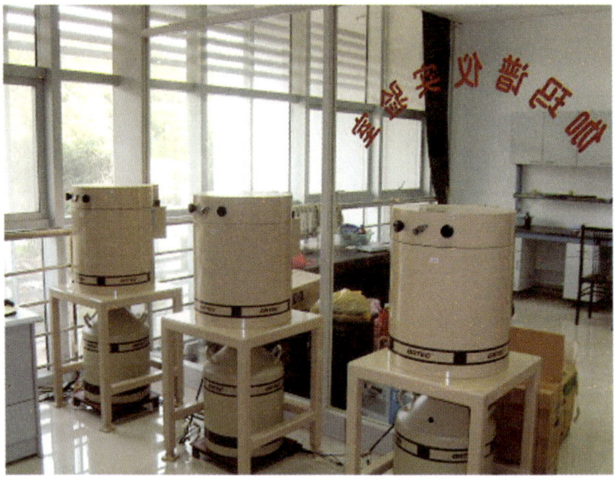

图 1–16　南京师范大学伽玛谱仪实验室

三、洞穴沉积物的年龄精确测定与古气候演化

美国的一个研究小组近年来对内华达州的 Devils 洞方解石脉进行了精确的 TIMS U–Th 定年和详细的氧同位素分析，不仅为研究古气候演化提供了一个典型范例，而且对深入认识古气候演化规律有极为重要的意义（图 1–17、图 1–18）。

Devils 洞是一个靠近主要地下水补给区的开放断层带，在开放裂缝上沉积了致密的乳状方解石脉。将一个 36cm 长的方解石脉钻孔样品（DH–11）按 126mm 等间隔分出 285 个样品，进行了详细的氧同位素分析，并对其 21 个控制点进行了精确的 TIMs U–Th 定年。整个钻孔记录了 57 万—6 万年前的古

图 1-17 Devils 洞栖息的鱼类

图 1-18 Devils 洞的一角

气候演化记录。DH-11 钻孔样的 $\delta^{18}O$ 值记录与海相 SPECMAP$\delta^{18}O$ 记录和南极东方站南极冰盖 $\delta^{18}O$ 记录有明显的相似之处，即三个记录均显示出古气候从全盛冰期向间冰期的快速变迁，然后再逐渐进入下一个全盛冰期。DH-11 与 SPECMAP 记录在 56 万—46 万年前的十万年里 $\delta^{18}O$ 值之间的差异最小。但 SPECMAP 与 DH-11 记录之间也存在几个显著的差异：①在 24 万 ~19 万年前时期，SPECMAP 记录的几个 $\delta^{18}O$ 峰值高度随时间演化而增加，表明气候逐渐变暖而不是变冷。而 DH-11 记录则正好相反，$\delta^{18}O$ 峰值高度随时间演化而降低。这个趋势与预期的全盛冰期气候演化相一致。②两个记录的第Ⅲ冰期终止的变化程度有明显差异。SPECMAP 记录的冰期终止变化较缓和，$\delta^{18}O$ 值的变化只有两个标准偏差值，相当于另外四个冰期终止的 $\delta^{18}O$ 值变化的一半。DH-11 记录则不同，即

$\delta^{18}O$ 值的变化有三个标准偏差值。③ DH-11 记录显示出从 41 万—12 万年前间冰期的气候是逐渐变暖的，而这种变暖的趋势在 SPECMAP 记录中很难辨认出来。

DH-11 与 SPECMAP 记录之间的最重要差异在于两个记录的冰期终止时间的差异，这种差异直接关系到米兰柯维奇气候演化模式的可靠性。DH-11 记录的第Ⅰ冰期终止时间为 14 万 ±0.3 万年前，如果对含水层的运移时间做校正，则该冰期终止时间至少还要提前几千年，而 SPECMAP 记录的第Ⅰ冰期终止时间为 12.8 万 ±0.3 万年前（与日照峰值时间一致）。对于这两个古气候记录冰期终止时间的差异目前还没有很好的解释，然而海平面高度变化的年代学却提供了另一个制约，即末次间冰期高海平面位置出现在 13.5 万—13.2 万年前，比日照峰值时间（12.8 万 ±0.1 万年前）早 4~7 千年。全新世末次冰消期海平面上升经历了 1.3 万年（始于 1.9 万年前，到 6 千年前达到现代高度），如果这一持续时间对第Ⅰ冰期终止也适合的话，那么末次间冰期海平面开始上升的时间应该在 15 万—14.5 万年前，而这恰恰是低日照值所对应的时间。第Ⅲ和第Ⅳ冰期终止时间与日照峰值时间之间也有类似的差异。因此，DH-11 古气候记录表明北半球日照变化并不是引起冰消作用的直接原因，米兰柯维奇气候演化模式已面临严重的危机。

第三节　钾－氩测年技术

钾－氩（K-Ar）测年技术的主要对象是各类火成岩和火成岩中的含钾矿物。该方法能够测得火成岩形成的年代，也能测量变质岩最后一次受热的年代。它一直是测量第三纪以前古老地质事件年龄的主要方法。随着质谱仪灵敏度的不断提高，在测定第四纪更新世乃至 1 万年以来的全新世火山喷发物年龄方面的应用也越来越多。

一、钾—氩测年技术的基本原理

钾主要由 ^{39}K、^{41}K 两种稳定同位素和微量 ^{40}K 组成，^{40}K 的摩尔丰度为 0.01167%。^{40}K 是一种放射性同位素，半衰期为 1.28×10^{9} 年，其衰变 89% 概率

生成 ^{40}Ca，11% 的概率生成 ^{40}Ar。火山岩中含有多种富含钾的矿物，当火山岩刚形成时温度甚高，里面不能保存氩气，即不含氩气。岩石冷却固化后，^{40}Ar 就会因为 ^{40}K 的衰变而不断积累，并存留于岩石和矿物中。只要测定岩石和矿物中 ^{40}K 的含量 K 和积累的 ^{40}Ar 的含量 Ar，就能根据放射性衰变和增长的规律计算出相应的岩石和矿物形成以来的年代（图 1–19）。

图 1–19　北京大学钾氩测年系统

二、钾 – 氩测年技术的应用实例

1. 东非地区人类进化过程时间序列建立

20 世纪 50 年代后期，在非洲寻找人类化石的活动，逐渐转移到东非的埃塞俄比亚、肯尼亚和坦桑尼亚。东非的地质特点是，存在一条由南到北的大裂谷，其地表为一系列峡谷和湖泊。这个地区有几百万年以来大量火山喷发造成的火山沉积，这为同位素年代测定提供了良好材料。因而，埋藏在这些火山层中的化石的年代，可以被准确地测定出来。1959 年 7 月 17 日，经过 30 年的寻找，古人类学家路易斯 · 利基（Louis Leakey）及其妻子玛丽 · 利基（Mary Leakey），终于在坦桑尼亚的奥杜威峡谷，发现了一个粗壮型南方古猿近乎完整的头骨和一根小腿骨。头骨特别粗壮，牙床上带有硕大的臼齿。利基夫妇将这个头骨所属个体的种命名为鲍氏东非人（Zinjanthropus boisei），后又改为南方古猿鲍氏种（Australopithecus boisei）。在这次发掘中，还发现了石器和灭绝动物的被打碎的骨片（似乎是为取食营养高的骨髓而造成的）。“东非人”是否已能够制造石器，甚至狩猎动物呢？从头骨来判断，要完成这样复杂的技术操作和劳动，其脑子还是太小了。如果这些石器不是“东非人”制造的，那么又是谁制造的？

图 1-20 鲍氏东非人化石和复原图

1960 年，在发现“东非人”头骨地点的附近，路易斯·利基的儿子乔纳森·利基（Jonathan Leakey）发现了一个 10~11 岁小孩的部分头盖骨和下颌骨，不同年龄人的手骨，一根成年人的锁骨和近乎完整的足骨。1963 年，在同一地点又发现了一件头骨和附有大部分牙齿的下颌骨。对这些化石的研究表明，这是一种比“东非人”更进步的人。其脑量比“东非人”几乎大出 50%，头骨的形状更为进步，牙齿比“东非人”小，生活于 178 万年前。根据达特的建议，路易斯·利基等将其命名为“能人”（Homo habilis），作为人属的第一个早期成员。Homo habilis 这个名字的意思是“手巧的人”或“有技能的人”（图 1-21）。此后，在埃塞俄比亚和肯尼亚，又发现了一批“能人”化石。其中最重要的，是 1972 年路易斯·利基的另一个儿子理查德·利基（Richard Leakey），在肯尼亚的图尔卡纳湖东岸发现的编号为 KNM-ER1470 的头骨。

从 20 世纪 60 年代开始，在埃塞俄比亚的奥莫河谷和阿法地区的哈达尔，发现了大量的南方古猿化石，包括从约 350 万年前到 150 万年前的人类化石。其中，1973 年在哈达尔发现的构成一个膝关节的股骨下端和胫骨上端的两段骨头，已显示出具有直立行走功能。这些化石的年代为 350 万年前。1974 年，美国古人类学家约翰松（Donald Johanson）在同一地区发现了一具女人的大部分骨架，命名为“露西”（Lucy）。根据对她的骨盆、脊柱和膝盖骨的研究，可以肯定她是两足直立行走的，生存年代测定为 340 万年前（图 1-22）。

图 1-21 图为东非能人复原图

1976 年，玛丽·利基在坦桑尼亚的莱托里地区，发现了一组凝结于火山灰中的人类足迹。这组 370 万年前留下的足迹相当完好，对其进行的年代测定也相当可靠。根据对足弓形态和步态的分析，可以认定是直立行走时留下的。上述发现是人类两足直立行走最早的证据。

图 1-22 收藏于墨西哥城国立人类学博物馆的露西遗骸复制品

根据对哈达尔和莱托里化石的对比研究，约翰松等认为，这两个地点的标本非常相似，即都能完全两足直立行走，且都有较小的脑子和大的犬齿，故属一类，应归入一个新种一南方古猿阿法种（Australopithecus afarensis）。他们认为，阿法种的一些性状介于猿与人之间，但其似猿的性状在明显向人的方向转变。因而，阿法种既是南方古猿非洲种的祖先，又是“能人”的祖先。阿法种一方面经过南方古猿非洲种变成粗壮种和鲍氏种，最终灭绝；另一方面发展成“能人”，再到直立人和智人。

到 20 世纪 90 年代初，在非洲发现的南方古猿已达 5 个种，即非洲种、阿法种、粗壮种、鲍氏种和埃塞俄比亚种。这五种南方古猿分别归类为前面所述的南方古猿纤细型和粗壮型。非洲种和阿法种属于纤细型。其中，阿法种年代较早，以“露西”为代表；非洲种则年代稍晚，并且只在南非有发现。其余 3 个种属于粗壮型的南方古猿。埃塞俄比亚种是根据一块 250 万年前的下颌骨命名的。这块化石 1967 年发现于埃塞俄比亚南部。许多古人类学家不承认这个种，认为应将其归入鲍氏种。

图 1–23　非洲南猿复原图

20 世纪 90 年代以后，东非的早期人类化石研究又获得了新的突破。1994 年，美国古人类学家怀特（Tim White）等宣布，他们在埃塞俄比亚阿法盆地发现了 440 万年前的大量人科化石，并命名为南方古猿始祖种（Australopithecus ramidus）（图 1–23）。ramid 在阿法语（当地的一种部落语言）中是“根”的意思。以此命名所发现的化石，表示这是迄今发现的最古老的人类直接祖先。在此之后，理查德 · 利基的妻子梅亚维 · 利基（Meave Leakey）与美国古人类学家沃克（Alan Walker），在肯尼亚图尔卡纳湖西岸，又发现了 420 万年前的南方古猿化石，定名为南方古猿湖畔种（Australopithecus anamensis）。由于学术界对始祖种的人科地位还有不同看法，因此通常都认为湖畔种是最早能直立行走的人科成员。值得一提的是，在过去的几十年里，利基家族对东非古人类的发现和研究做出了巨大的贡献。

在整个东非古人类的研究中，钾 – 氩测年技术由于其对于化石测年的独特优势，在对古人类化石的年代测定中起到了重要的作用。

2. 鲁道夫人年龄测定

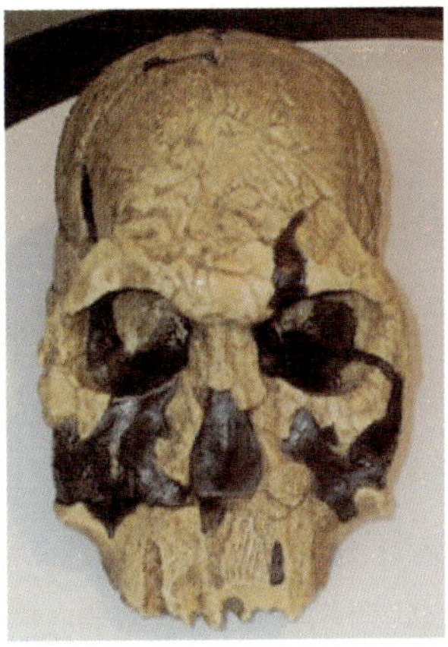
图 1-24　鲁道夫人头骨

鲁道夫人（Homo rudolfensis）又名卢多尔夫人，是人科下的化石物种。1972 年，理查德·利基（R.Leakey）在肯尼亚鲁道夫湖（此湖后改名为图尔卡纳湖）东岸的库彼福勒发现一个头骨（KNM ER 1470 号头骨），与头骨一起发现的还有些肢骨。（图 1-24）1973 年，发现了编号为 ER 1813 号头骨。以后，又新发现了两块下颌化石和一块脸骨化石。根据化石判断，此人种脑部较大、面部长而平，与已知的其他古人类不同，被命名为鲁道夫人。此后，一些尺寸较大的头骨化石陆续被发现，也都被认为属于这个新人种，但所有化石都不完整，既没有脸，也没有下颌和牙齿，而在古人类学里，脸和颌骨的特征对于确定一个新种尤为关键。因此当时很难确认鲁道夫人是否为一个新的人种，还是仅仅由于性别、地域等因素而导致的个体变异。

图 1-25　鲁道夫人生活图

对化石的钾－氩测年结果显示，鲁道夫人生活在 195 万—178 万年前，说明在这段时间里，人类的祖先大家庭比原有认识更为复杂（图 1-25）。这意味着古猿进化可能不只有直立人这一条道路。而同时期存在的鲁道夫人与直立人之间有何互动，也成了摆在考古学家面前的新课题。

2012 年 8 月 9 日最新一期英国《自然》杂志报道，在肯尼亚最新发现的一些古人类化石证实，在人类进化史上饱受争议的鲁道夫人确为人属新种，从而再次挑战了人类是从古猿类祖先直线进化而来的传统观点，并且揭示了古人类的大家庭比我们之前认为的更加多样，人类的进化也更加复杂。

《自然》杂志报道，内罗毕图尔卡纳湖盆地研究所的米薇·利基博士所带领的研究队伍近期在肯尼亚北部一处名为科比福拉的沙漠中发现了三件化石：一块脸骨和两块带牙齿的下颌骨，年代约在 178 万—195 万年之间。这些颌骨上的前牙排列形状几近方形，和此前发现的鲁道夫人头骨的上颌结构相吻合，而之前发现的能人下颌骨化石则无法与鲁道夫人头骨相匹配。这意味着两个物种之间存在重要差异，而不是一个物种的变异。因此，研究者证实鲁道夫人确为古人类的一个新种，与能人及直立人同为共存的平行支系。

传统观点认为人类演化的主要阶段可分为南方古猿、能人、直立人和化石智人（包括早期智人和晚期智人），这种观点在 5 年前受到挑战。2007 年《自然》杂志发表古人类学家米薇·利基的论文称，研究者在肯尼亚发现的化石显示，能人和直立人的历史产生了至少 50 万年的重叠。他们的共存让直立人从能人进化而来的情况变得不太可能。如今，历经多年的艰苦寻找，米薇·利基终于在距第一次发现鲁道夫人头骨不到 10 千米的地方找到了这 3 件化石，再次否定了直线进化论，从而使人类进化的路线变得更为复杂。

第二章 文物产地研究的利器——中子活化分析

1932 年英国科学家查德威克发现了中子，1936 年，赫维西和利瓦伊提出中子活化分析。但是由于没有强的辐射源以及辐射探测技术比较落后，当时相关的研究工作还比较少，直到 1942 年美国芝加哥大学的费米原子反应堆点火，才使中子活化分析得以肯定并随着探测器的发展而迅速地发展起来。自从 1954 年 JR Oppenheimer 和 Richard Dosson 提出应用 NAA 分析测定考古材料来源的可能性，中子活化分析在考古学的应用已经将近 60 年。随着多用途的研究反应堆在世界各国实验室和学术研究院所的建立，使得中子活化分析迅速成为对考古材料化学特性研究和来源研究的最强有力的工具。据估计，在过去 50 年间，全世界 25 个以上的实验室分析了陶瓷、黑曜岩、黑硅石、金属和其他材料大于 150000 件，其数据库的价值已超过 1500 万美元。

第一节　中子活化分析的原理

一、中子活化分析的原理

中子活化分析（NAA）是用中子辐照样品，使原子核发生核反应，生成具有一定寿命的放射性核素，然后对生成的放射性核素进行检测，从而确定样品中的核素成分和含量的一种分析方法。

活化分析按辐照粒子分类一般可以分为中子活化分析、带电粒子（包括质子、氘子、He 以及重粒子等）活化分析和 γ 光子活化分析等。按工作方法分类，又可分为仪器活化分析和放射化学活化分析。按活化分析的性质分类，又可分为绝对法和相对法两类。

中子不带电，呈电中性，它一般由核反应堆、加速器或同位素中子源产生。图 2-1 为中国原子能科学院的重水反应堆中子源，图 2-2 为加速器中子源。当用中子辐

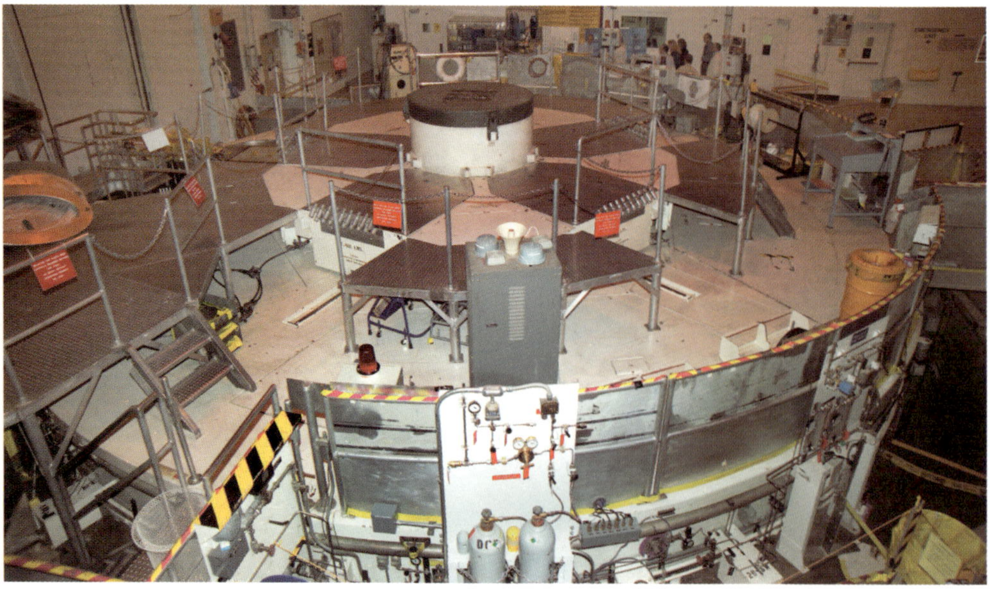

图 2-1　反应堆中子源

图 2-2 加速器中子源

照试样时，中子与靶核之间不存在库仑斥力，而是通过核力与核发生相互作用。核力是一种短程力，作用距离为 fm（10^{-15}m）量级，表现为极强的吸引力。中子接近靶核 fm 量级距离时，由于核力作用，被靶核俘获，形成复合核。复合核一般处于激发态，寿命为 10^{-12}~10^{-14}s，它将通过各种方式退激发。中子与靶核碰撞时，有三种作用方式：第一种是弹性散射，即靶核与中子的动能之和在散射作用前后不变，这种作用方式无法应用于活化分析；第二种是非弹性散射，即靶核与中子的动能之和在作用前后不等，则该能量差导致复合核的激发，此时生成核为靶核的同质异能素，一些同质异能素的特征辐射可通过探测器测定，这种作用方式可用于活化分析；第三种是核反应，即靶核俘获中子形成复合核后放出光子，这被称为中子俘获反应，即（n，γ）反应（如图 2-3 所示），这就是中子活化分析利用的主要反应，此外（n，2n）（n，p）以及（n，a）等反应也可用于中子活化分析。例如，铝（Al）只有一种稳定的同位素 ^{27}Al，^{27}Al 与中子反应生成 ^{28}Al，后者具有放射性，半衰期为 2.4 分钟，衰变时

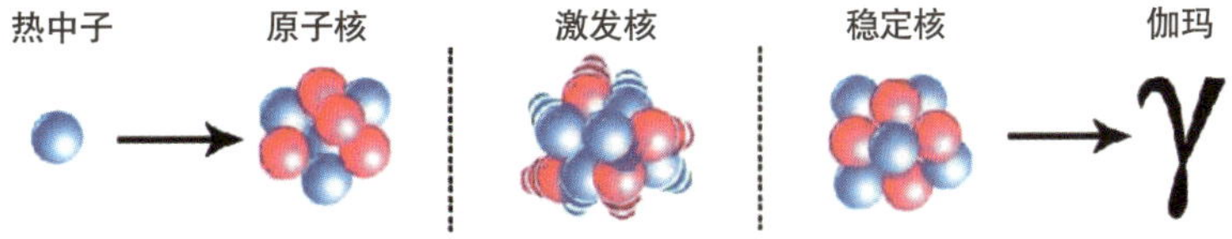

图 2-3 （n，γ）反应

放出能量为 1779keV 的 γ 射线。如果将含有铝元素的样品放入原子反应堆中辐照，并能检测到 1779keV 的 γ 射线，那么就可以肯定该样品中含有铝，并且在相同条件下，探测到的 γ 射线强度与样品中的铝含量成正比。

二、中子的分类

按中子能量范围的不同，中子活化分析可区分为慢中子活化分析和快中子活化分析。慢中子一般能量在 0.5MeV 以下，它一般易引起（n，γ）反应。慢中子还可以细分为三大类：热中子（$E \approx 0.025eV$）、超热中子（$E>0.4eV$）和共振中子（$1eV<E<1keV$）。其中热中子活化分析是中子活化分析中最重要的一种，它是由反应堆产生地，其反应几乎全部是（n，γ）反应，它能测定周期表中 80% 以上的元素，且灵敏度很高，可达到 10^{-6}~10^{-12}。

能量大于 0.5MeV 小于 10MeV 的中子被称为快中子。它与靶核的作用主要是以弹性散射和非弹性散射为主。快中子活化是通过（n，p）（n，α）（n，2n）和（n，n'γ）阈能反应生成放射性核素。快中子的活化截面比慢中子的活化截面小，所以相对于慢中子活化分析灵敏度低，但对轻元素（如 N、O、F、Si、P、S、Fe 等）分析具有较高的分析灵敏度。目前它主要用于常量和半微量分析，是热中子活化分析补充。

第二节　中子活化分析的样品制备和测量

一、样品的制备

待分析样品和标准样品制备是十分重要的，它关系到分析结果的可靠性和准确度。对样品的大小、状态、样品的包装，样品的采集以及在制备和辐照过程中的沾污、挥发、吸附等因素，都必须认真考虑。

对于固体块状样品，如矿石、动物及人体的骨头等可以直接截取一小块，用铝箔包起来，然后装在标准容器内进行照射，但样品制备时应注意是否有污染，如有需要应对样品进行表面侵蚀处理。

对于粉末样品，应装在适当的容器中称重，然后置于照射容器中，或用铝箔包起来，送入堆内照射。

对于液体样品，一般将其装入聚乙烯容器或石英瓶内进行照射。

二、标样的制备

在中子活化分析中，对待测样品中元素含量的分析方法基本上有两种：绝对方法和相对方法。绝对方法是将测得的放射性强度代入活化公式直接计算出待测元素在样品中的含量。绝对活化分析法要求知道中子通量密度绝对值和探测器绝对效率以及有关的核参数的精确数值，才能计算出元素含量，实际操作比较复杂，准确度不是很高，一般在活化分析中比较少用。所谓相对测量法是将待分析样品与相同材料但含量已知的标准样品在相同的中子能量和通量条件下辐照，并在相同的测量条件下测量它们的放射性，比较它们的放射性活度以求得待分析样品中的元素含量。相对方法消除了绝大多数与核参数和实验参数有关的误差，有较高的准确性，在活化分析中普遍采用。

在相对测量法中，标准样品的制备非常重要，它直接决定了待测样品元素含量的准确性。标准样品的材料必须是均匀、稳定、且具有一定的数量。制备标准样品的材料可以从天然物料、制成品中选取，也可以专门制备、人工合成。

三、样品测量步骤

中子活化分析一般分为三个步骤如图 2-4 所示：首先，根据实验方案将样品在中子场中辐照一定的时间；第二，取出已辐照的样品，如有必要可对样品进行放射化学元素分离；第三，用探测器对样品进行放射性活度测量，然后进行数据处理，按一定的标准化方法求出样品中元素的浓度。

中子辐照试样所产生的放射性活度取决于下列因素：①试样中该元素含量的多少，严格地讲，是产生核反应元素的某一同位素含量的多少；②辐照中子的注量；③待测元素或其某一同位素对中子的活化截面；④辐照时间等。

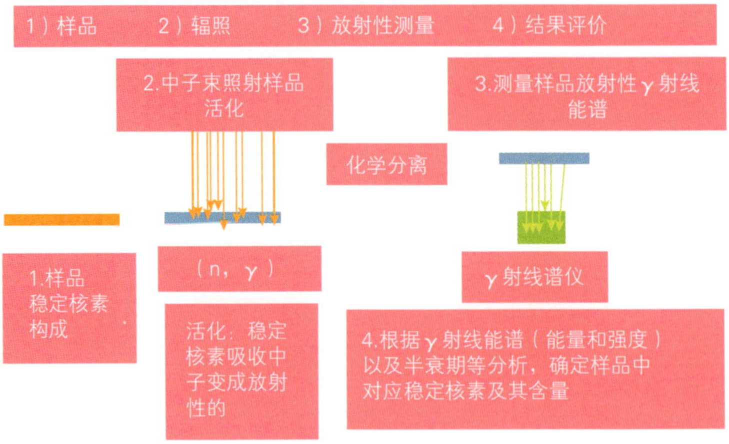

图 2-4　中子活化分析步骤

第三节　中子活化分析的特点

NAA 法特别适合考古学中的元素分析。它与其他元素分析法相比较，有许多优点。

（1）灵敏度高，准确度、精确度高。NAA 法对周期表中 80% 以上的元素的灵敏度都很高，一般可达 10^{-6}~10^{-12}g，其精度一般在 ±5%，最高可达 1%，这对于稀少珍贵的考古样品非常重要。

（2）多元素分析，分析速度快。它适合同类文物标本的快速批量自动分析，它可对一个样品同时给出几十种元素的含量，尤其是微量元素和痕量元素，能同时提供样品内部和表层的信息，突破了许多技术限于表面分析的缺点。

（3）样量少，属于非破坏性分析，这在考古、艺术品鉴别等领域非常重要。

（4）无需定量分离，不受试剂空白影响，避免了在痕量分析中定量分离操作的困难，且不会造成试剂污染。这在超微量分析中非常重要。

（5）基体效应小，可以对化学性质非常接近的元素和核素进行分析，如稀土元素的分析。

中子活化分析也存在一定的局限性，比如检测不到不能被中子活化的元素及含量，半衰期短的元素也无法测量；一般情况下，只能给出元素的含量，不能测定元素的化学形态及其结构等。此处，活化中子源如反应堆或加速器都是极其昂贵的设备，这在一定程度上限制了中子活化分析的普及。

第四节　中子活化分析在考古中的应用

从 1954—2012 年，中子活化分析在考古学的应用走过了将近 60 年的历程。它在考古学中主要用来测量陶瓷器、玻璃、银币、铜镜、燧石、骨头化石等样品中的微量元素和痕量元素，通过统计分析，寻找共同性和差异性，从而确定元素成分的演变、产地及矿源等。不同地区的陶瓷土的元素组成差异，特别是微量、痕量元素组成差异大于它们在同一陶土源不同部位的涨落。以我国古瓷研究为例，古代瓷器原料就地取材，其中所含的微量元素种类不多，一般不影响瓷器质量，但在瓷器中长期保存，因而成为各类瓷器的分辨特征。通过中子活化分析测定各古窑遗址出土的古陶瓷以及当地瓷土中微量元素的含量，可以建立各窑系、各瓷类的微量元素特征谱系，从而对于研究我国古代陶瓷的发展以及对未知的陶瓷样品的产地判别和年代鉴定提供了科学的依据。

一、中子活化在古陶瓷研究

唐三彩是唐代盛行的一种明器，在当时，上至王室成员，下至士大夫阶级乃至庶民百姓，都流行以唐三彩随葬。唐人将它们在材料上的开发与利用同当时的具体文化内容相结合，从而创造了具有时代特征与时代精神的唐三彩艺术（图 2-5 为出土的唐三彩艺术品），所以研究唐三彩对于了解中国唐代的经济、社会文化和贸易交流等具有重要意义。中国科学院高能物理研究所核技术考古实验室收集了来自中国四个主要的唐三彩古窑遗址（西安西郊机场窑、河南黄冶窑、陕西铜川黄堡窑和河北邢窑）以及不同墓葬出土的唐三彩样品总共三百多件，并利用中子活化分析对它们进行了测量，图 2-6 为收集的部分样品。研究人员从所选取的样品中切取足够量，进行研磨至粒度接近 200 目（约 74μ），然后称取

（a）唐三彩骆驼　　（b）唐三彩仕女图

图 2-5　唐三彩

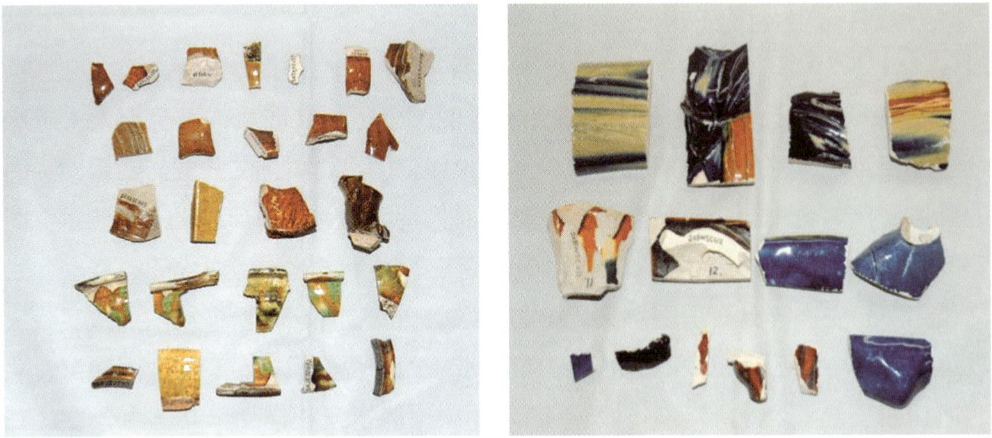

（a）　　（b）

图 2-6　唐三彩样品

30mg 左右的样品，用高纯铝箔包裹，在 200℃的烘箱中烘干约 4 个小时后将样品和化学标准及标准参考物一起送入中国原子能科学院的反应堆中接受中子辐照，照射时间为 8 小时，中子注量率为 $5.0\times10^{13}n/cm^2\cdot s$，活化后的样品经一定冷却时间（第一轮为 7~9 天，第二轮为 18~19 天）后，拆去铝箔，将样品转入塑料小瓶中，用 ORTEC 公司生产的带高纯 Ge 探测器（GEM-20180-T 型）的多道探测系统进行测量，采用 SPA 解谱程序对数据进行分析，实验共测定出 Na、K、Fe、Ba、La、Sm、U、Ce、Nd、Eu、Yb、Lu、Hf、Ta、Th、Se、Sc、Cr、Co、Rb、Cs 共 21 种元素。实验结果表明，不同窑址的唐三彩胎中元素含量是有一定的差别的，其中西安西郊机场窑址出土的米黄胎、红胎与其他窑址三彩胎的 Na、Fe、La、Ce、Lu、Hf、Ta、Th、Sc、Co 含量有明显的差别。与黄冶窑相比，黄堡窑唐三彩的 Ba、Na 含量偏低，Ce、Cr、Lu、Ta、U 偏高；邢窑比黄冶窑唐三彩 Hf 含量偏低，Fe、Nd、Eu、Yb、Lu、Tb、Cs 偏高；黄堡窑比邢窑唐三彩 Ba、Co 含量偏低，Ce、Cs、Hf、Ta、U 偏高。通过主因子分析图可以看出四个窑址的唐三彩主要分布在四个区域中，表明它们的成分差别明显，选用了不同的制胎原料。西安西郊机场出土唐三彩的主要类型（红胎、米黄胎、灰黑胎）与其他窑址出土的胎成分有明显差别，但是少量白胎唐三彩与黄冶窑或黄堡窑出土的成分接近，综合数据表明，西安西郊机场窑主要选用当地的制胎原料，同时少量地采用与黄冶、黄堡窑唐三彩成分相似的制胎原料。同时，研究人员还对不同墓葬中出土的唐三彩进行了分析，从而科学地对它们进行了产地的分类。

澳大利亚新英格兰大学的考古工作者利用中子活化分析研究了在地中海东北岸出土的一批从青铜器晚期到希腊文化时期的陶瓷。他们总共对 290 件陶瓷样品和 12 种当地的沉积土进行了辐照分析，并用主因子成分分析方法对这些样品进行了分类。通过与当地沉积土的成分以及其他相关的中子活化分析数据，可以把这些样品分为四大类，如图 2-7 所示，KH1 为当地生产的，KH2 为塞浦路斯生产，KH3 为安那托利亚西部生产，KH4 为爱琴海中心生产，图 2-8 中 a、b、c、d 分别为 KH1、KH2、KH3、KH4 部分样品。通过分析这片地区不同时期陶瓷的产地不同可以推测在从青铜器晚期到希腊文化时期，此地经历了比较大的政治经济变动。

中子活化在考古学中应用最多的就是对于古陶瓷的研究，它们的基本方法都

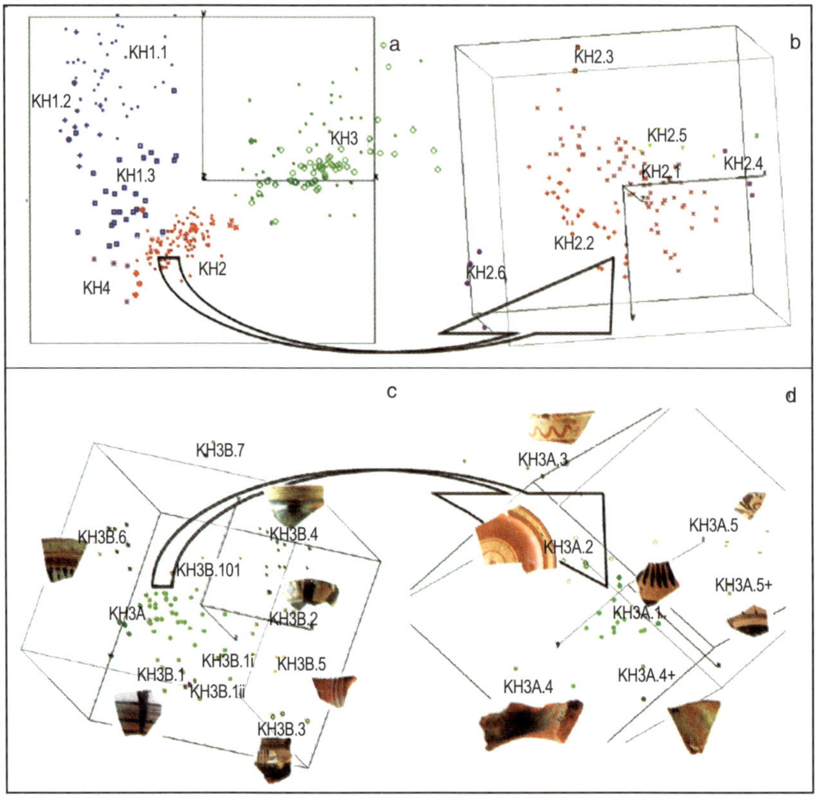

图 2-7　中子活化数据主因子成分分析图

是对古陶瓷进行大量的数据积累，从几十种元素中找出具有地域性特征元素的含量，用现代陶器和源黏土矿进行对比，找出其内在的规律，从而推断古陶瓷器物的制造年代和烧制地点。

二、古代青铜器和古钱币研究

中国科学院考古工作者利用中子活化分析了一批墓葬和遗址出土的青铜器，并对其中的铜、锡、铅含量进行了分析。实验中利用的中子是由高压倍加器加速的氘核打在氚靶上产生的，倍加器电压在 100~300kV，束流强度为 300~500μA，产生出的 14MeV 中子的产额在 10^9~10^{10}n/s 之间，样品通常要在近靶的位置上照射 1~2 小时，冷却 2 小时，放在有准直器的 Ge(Li)γ 探测器上，

图 2-8　样品图，其中 a、b、c、d 分别为 KH1、KH2、KH3、KH4 部分样品

用多道分析器测定 γ 能谱。结果表明，在铜、锡、铅三个元素的含量数值中，铜在铜镜中的含量比较稳定，不同的镜子中铜含量数据的离散性小，锡次之，铅最大。尽管这些铜镜的产地和年代均不同，但它们都是用铜的合金（青铜）制造的，由于锡和铅的熔点分别为 232℃和 327℃，比铜的熔点 1080℃要低得多，无论单

图 2-9　中国出土的古代青铜器

独或是混合，与铜共熔时都能生成低熔点的合金。当然，在古代人们对生产的实践已认识到了合金的优越性，不论在冶炼获取或是器物制造上都是有特殊的意义。此外，他们还发现了铅和锡的含量有互补的作用，即铅多则锡少，铅少则锡多。

Kraay 等人利用中子活化分析技术测定了公元前 16 世纪和公元前 15 世纪的希腊银币中铜和金的含量。因为铜含量的多少即反映了它在银的提纯中的作用，也反映了通过铜的加入使钱币贬值的信息。结果表明，这些钱币中含铜量小于 1%~2%，是一种高纯度的银，而且这两种银币之间存在有差别。例如在 ASyracuse 发掘的公元前 15 世纪的银币中铜的含量有系统的波动，被认为反映了当时的政治经济形势，尤其对公元前 474—前 450 年内的钱币中铜含量很高，可能与公元前 460 年被驱逐之前摇摇欲坠的 Syracusan 专制统治有关，而随后的钱币几乎全部都是纯银，这可能是由于后来取胜的国内政权稳定的影响的结果。此外，Gordus 等人利用中子活化分析方法鉴定了银币和艺术品中金掺杂的级别（图 2-10）。有人还对罗马帝国的 200 个硬币进行了成分的中子活化分析

图 2-10　公元前 4—前 3 世纪古希腊银币

研究，其中主要测量了铜、锡、银的含量，结果表明，6 年中发行硬币的银含量，从 313 年的 25% 降到了 219 年的 4.5%，后来又经过 10 年，这种硬币中已不含银了，据此，可以推测当时的政治经济可能发生了比较大的变动。

三、恐龙灭绝原因的研究

对于恐龙灭绝的原因人们一直众说纷纭，有的说是火山爆发导致，有的说是气候变化等。为了解开这个谜团，美国伯克利实验室对此做了研究。在地球表层，铱元素的含量极低，大约只有 0.4PPB（1PPB 为 10 亿分之一，下同），而地外陨石中铱含量比较高，可以达到几百个 PPB，所以铱元素可以作为地外物质的指示元素。由于中子活化的高度灵敏性，伯克利实验室利用中子活化分析了意大利、西班牙等地区在三叠系末期与白垩系期地质界线的黏土层的铱含量，发现这一地层区的铱含量高出正常值的 30~160 倍。美洲、澳大利亚以及我国西藏、贵州、四川等地也相继发现了这一富含铱的地质层。与此相对应，在墨西哥有一个直径超过 180 千米的陨石坑——希克苏鲁伯陨石坑（如图 2-11 所示）。当时撞击地球产生的能量相当于广岛原子弹的 10 亿倍，强大的能量使大量的灰尘进入大气层，并在全球范围内扩散，从而导致这一时期铱含量的骤增，同时也强有力地证明了

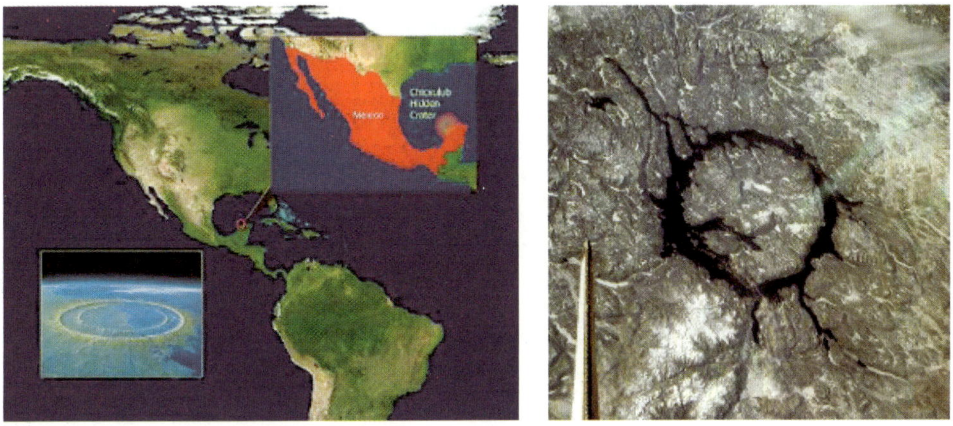

（a）　　　　（b）

图 2-11　希克苏鲁伯陨石坑，其中，（a）图为希克苏鲁伯陨石地理位置，（b）图为希克苏鲁伯陨石卫星图

小行星撞击地球是造成恐龙灭绝的主要原因。

四、生物体中微量元素的测定

2003 年开始，中央电视台、清西陵文物管理处，中国原子能科学研究院、北京市公安局法医检验鉴定中心等单位组成了“清光绪帝死因”专题研究课题组。同时，这一研究也被国家清史编纂委员会纳入《国家清史纂修工程重大学术问题研究专项课题》。在不能开棺直验且时隔久远、检材条件很差等不利因素下，专家们历时 5 年，利用中子活化分析等一系列现代专业技术手段，通过开展对比、模拟实验、双向图例等工作，对清西陵文物管理处提供的光绪遗体的头发、遗骨、衣服以及墓内外环境样品进行了反复的检测、研究和缜密的分析。图 2-12 为光绪皇帝的照片，图 2-13 所示为光绪皇帝头发，图 2-14 为研究人员正在检测光绪皇帝衣物。结果表明，光绪皇帝的头发截段和衣物上含有剧毒的 As_2O_3 即砒霜，而其腐败尸体仅沾染在部分衣物和头发上的砒霜问题就已高达 201mg。而根据相关研究，常人口服砒霜 60~200mg 就可能中毒身亡，光绪皇帝摄入体内的砒霜明显大于致死量。其胃腹部衣物上的砷是其含毒的尸体腐败后侵蚀遗留所致，而其衣领部位及头

图 2-12　光绪皇帝

图 2-13　光绪皇帝头发

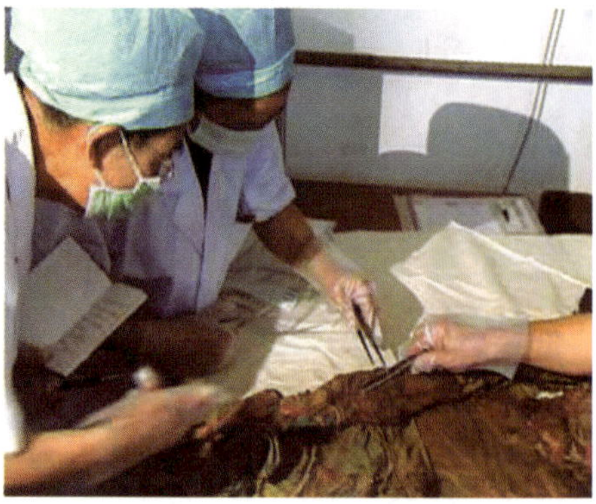

图 2-14　研究人员正在检测光绪皇帝衣物

发上的大量砷，则由其腐败尸体溢流侵蚀所致，由此可以推断光绪皇帝是因为急性胃肠性砒霜中毒而死亡。

法兰西第一帝国皇帝拿破仑（图 2-15 所示）于 1821 年 5 月 5 日死于流放的小岛上，当时有很多关于他死亡的猜测。1961 年一位瑞士人给英国法医部门送去了一个写有“不朽的拿破仑之发”的信封，里面的头发是在拿破仑死后第二天整容时取下的。利用中子活化分析分段测量发现其头发内砷（As）含量高达 11μg，超出正常人的 13 倍，图 2-16 为所得中子活化分析图，推算其砷中毒时间长达数月，从而推断了拿破仑死于砒霜慢性中毒急性发作。

图 2-15　拿破仑肖像

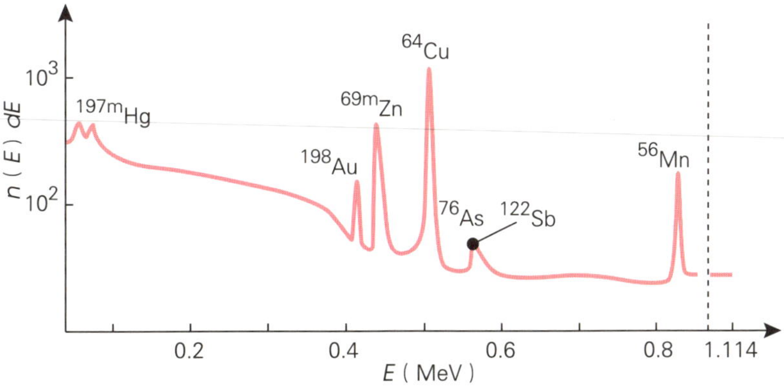

图 2-16　中子活化分析结果

第三章 同步辐射技术在考古中的应用

第一节 引言

一、同步辐射的发展历程

在雨中快速转动雨伞时，沿伞边缘的切线方向会飞出一簇簇水珠。当高能电子束团在弯转磁铁的作用下在环形加速器中以接近于光速做回旋运动时，在切线方向会有电磁波发射出来。因为这一现象是在同步加速器上发现的，所以称为同步辐射（如图 3-1 所示）。

同步辐射在开始并不受高能物理学家欢迎，因为它消耗了加速器的能量，妨碍了粒子能量的提高，但是随着人们认识到同步辐射光源的优越特性，使它越来越受到人们的重视，到后来，几乎所有的高能电子同步加速器上都建造了同步辐射光束线和各种应用同步光的实验装置。从 20 世纪 70 年代开始，同步辐射装置的建造及在其上的研究、应用，经历了三代的发展。

第一代同步辐射光源是在为高能物理研究建造的电子加速器和储存环上“寄

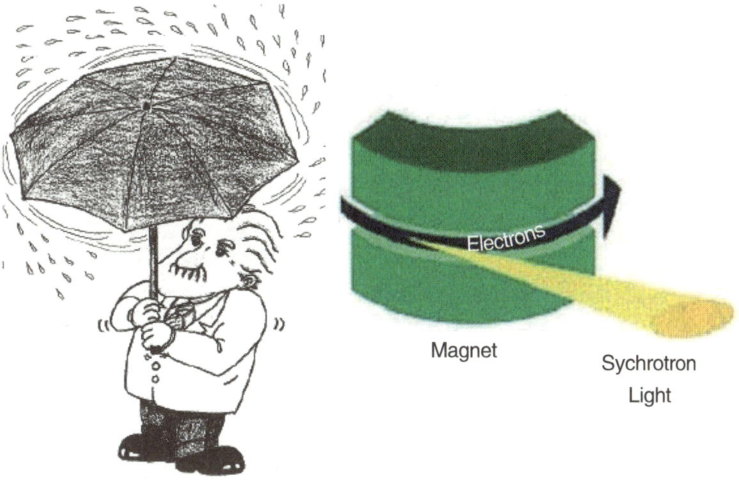

图 3-1　同步辐射示例图

生地”运行的。随着同步辐射光的应用，人们不断地发现它的优异特性，并迅速在各科学领域发展起来。然而，在对储存环性能的要求上，同步辐射的用户与高能物理学家是矛盾的，这使得同步辐射的用户们不满足于第一代同步光源，要求建造专门为同步辐射应用设计的第二代同步光源。世界上大部分第二代同步辐射光源都是在 20 世纪 80 年代前后建成的，它在发射度和亮度等方面远高于第一代光源，第二代同步辐射光源的投入使用大大促进了科学技术的研究和发展，出现了在一个实验设施上聚集着来自众多学科的科技人员川流不息地工作的空前景象。第二代同步辐射装置对科技研究与工业应用的巨大推动，促使世界各国政府支持建造更新一代、具有更高亮度的同步辐射光源，这就是目前许多国家已经建造或正在建造的第三代同步辐射光源。它比第二代同步辐射光源的亮度至少高 100 倍，比通常实验室用的最好的 X 光源要亮 1 亿倍以上。图 3-2（a），（b），（c），（d）展示的

图 3-2（a）法国 ESRF 同步辐射光源

图 3-2（b） 日本 Spring-8 同步辐射光源

图 3-2（c） 美国 NSLS 同步辐射光源

图 3-2（d） 上海同步辐射光源

是世界上已经建成的四个同步辐射光源。

我国的同步辐射事业是从 20 世纪 70 年代末北京正负电子对撞机的建造开始的，目前总共有同步辐射光源四个：分别为第一代光源，北京同步辐射光源；第二代同步辐射光源，位于合肥的国家同步辐射实验室；第三代同步辐射光源有两个，分别是上海同步辐射光源和位于台湾新竹的同步辐射光源。

二、同步辐射的优点

同步辐射（图 3-3）的优点如下：

（1）光谱连续且范围宽，由于同步辐射是非束缚态电子的辐射，所以它的光谱是连续的，从远红外、可见光、紫外直到硬 X 射线（10^4~10^{-1}Å）。

（2）辐射强度高，在真空紫外和 X 射线波段，能提供比常规 X 射线管强度高 10^3~10^6 倍的光源，相当于几平方毫米面积上有 100kW 的能流。

（3）高度偏振，同步辐射在电子轨道平面内是完全偏振的光，偏振度达 100%；在轨道平面上下是椭圆偏振；在全部辐射中，水平偏振占 75%。

（4）具有脉冲时间结构，同步辐射是一种脉冲光，脉冲宽度为 0.1~1ns，脉冲间隔为微秒量级（单束团工作）或几 ns 到几百 ns 范围内可调（多束团工作）。

图 3-3　国家同步辐射实验室

（5）高度准直，能量大于 10 亿 keV 的电子储存环的辐射光锥张角小于 1 毫弧度，接近平行光束，小于普通激光束的发射角。

（6）洁净的高真空环境，由于同步辐射是在超高真空（储存环中的真空度为 10^{-7}~10^{-9}Pa）或高真空（10^{-4}~10^{-6}Pa）的条件下产生的，不存在普通光源中的电极溅射等干扰，是非常洁净的光源。

第二节　同步辐射 -X 射线衍射分析

一、X 射线衍射分析的原理

X 射线衍射是德国科学家劳厄于 1912 年证实的，他同时还证实了晶体具有周期性的结构，提出了著名的劳厄方程，定量联系了衍射线方向与晶体结构周期性间的关系，奠定了用 X 射线衍射研究物质结构的基础，为此他获得了 1914 年诺贝尔物理学奖（图 3-4）。第二年，英国的布拉格父子第一次用 X 射线衍射解出了氯化钠晶体的结构，从此开创了研究物质微观结构的新纪元，他们获得了 1915 年诺贝尔物理学奖（图 3-5）。X 射线衍射的应用，彻底改变了经典的晶体学和矿物学等学科，是研究物质的分子和晶体结构最为有效的手段。

图 3-4　冯·劳厄（Max Theodor Felix Von Laue 1879—1960），德国物理学家。因发现 X 射线在晶体中的衍射获得了 1914 年的诺贝尔物理学奖。

X 射线衍射分析是利用晶体形成的 X 射线衍射，对物质进行内部原子在空间分布状况的结构分析方法。每一种结晶物质都有各自独特的化学组成和晶体结构。没有任何两种物质，它们的晶胞大小、质点种类及其在晶胞中的排列方式是完全一致的。因此，将具有一定波长的 X 射线照射到结晶性物

图 3-5　威廉·亨利·布拉格（Sir William Henry Bragg，1862—1942）和威廉·劳伦斯·布拉格（Sir William Lawrence Bragg, 1890—1971），英国物理学家，1915 年，布拉格父子因在 X 射线方面的杰出成就而共同获诺贝尔物理学奖。

质上时，X 射线因在结晶内遇到规则排列的原子或离子而发生散射，散射的 X 射线在某些方向上相位得到加强，显示与自己结晶结构相对应的特有衍射花样。它们的特征可以用各个衍射晶面间距 d 和衍射线的相对强度 I/I_1 来表征，如图 3-6 所示。

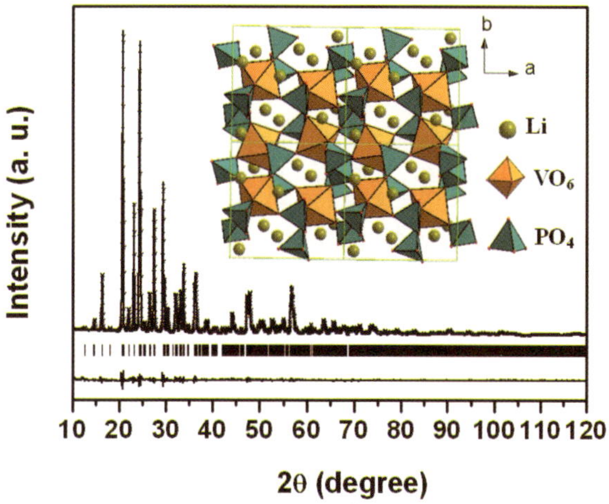

图 3-6　X 射线衍射图

衍射 X 射线满足布拉格（W.L.Bragg）方程：

$$2d\sin\theta = n\lambda \tag{3-1}$$

式中：λ 是 X 射线的波长；θ 是衍射角；d 是结晶面间隔；n 是整数。波长 λ 可用已知的 X 射线衍射角测定，进而求得面间隔，即结晶内原子或离子的规则排列状态，如图 3-7 所示。将求出的衍射 X 射线强度和面间隔与已知的表对照，即可确定试样结晶的物质结构，此即定性分析。从衍射 X 射线强度的比较，可进行定量分析。

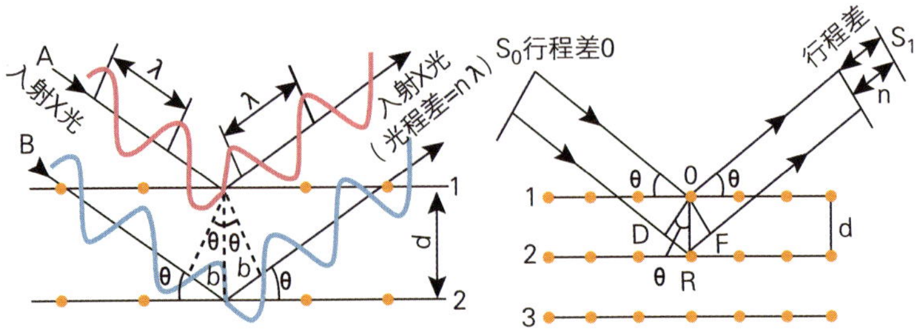

图 3-7 布拉格衍射原理图

二、同步辐射 -X 射线衍射实验装置

同步辐射 -X 射线衍射就是利用同步辐射产生的 X 射线进行衍射分析的方法，其装置的构造与实验室设备大同小异，是由 X 射线光源、衍射测角仪、辐照探测器与记录系统及控制操作和运行软件的电子计算机系统等部分构成。图 3-8 为引出 X 射线的同步辐射实验大厅。图 3-9 为测角仪构造。测角仪圆中心是样品台 H，样品台可以绕中心 O 轴转动，平板状粉末多晶样品安放在样品台 H 上，并保证试样表面与 O 轴线严格重合。测角仪圆周上安装有 X 射线辐射探测器 D，探测器亦可以绕 O 轴线转动。工作时，探测器与试样同时转动，但转动的角速度为 2 : 1 的比例关系，图 3-10 为一测角仪的实物图。

图 3-8　X 射线的同步辐射实验大厅

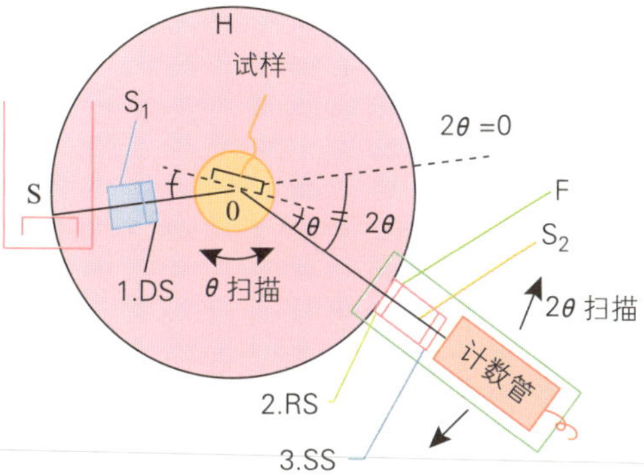

图 3-9　测角仪构造

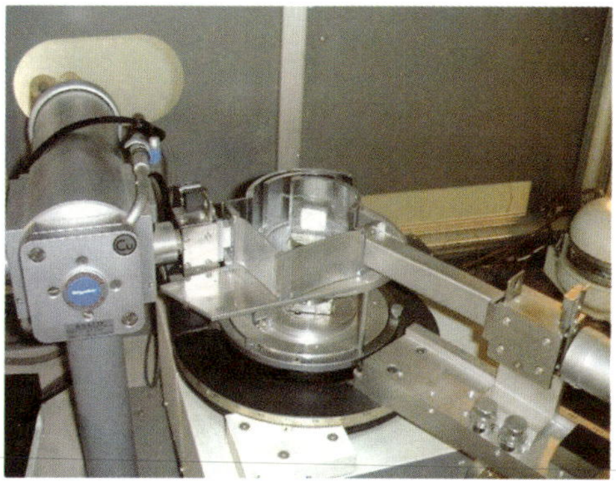

图 3-10　测角仪

三、X 射线衍射方法

X 射线衍射方法有很多，其中最基本的方法可以分为单晶衍射法和多晶衍射法。

单晶 X 射线衍射分析的基本方法为劳埃法与周转晶体法。劳埃法以光源发出连续 X 射线照射置于样品台上静止的单晶体样品，用平板底片记录产生的衍射线。周转晶体法以单色 X 射线照射转动的单晶样品，用以样品转动轴为轴线的圆柱形底片记录产生的衍射线，在底片上形成分立的衍射斑。这样的衍射花样容易准确测定晶体的衍射方向和衍射强度，适用于未知晶体的结构分析。

多晶 X 射线衍射方法包括照相法与衍射仪法。照相法以光源发出的特征 X 射线照射多晶样品，并用底片记录衍射花样。根据样品与底片的相对位置，照相法可以分为德拜法、聚焦法和针孔法，其中德拜法应用最为普遍。X 射线衍射仪是广泛使用的 X 射线衍射装置，它是以特征 X 射线照射多晶体样品，并以辐射探测器记录衍射信息的衍射实验装置。衍射仪法以其方便、快捷、准确和可以自动进行数据处理等特点在许多领域中取代了照相法，现在已成为晶体结构分析等工作的主要方法。

第三节　同步辐射 X 射线吸收光谱

一、同步辐射 X 射线吸收光谱的原理

当 X 射线照射到物质上时，将与物质发生各种相互作用并引起透射光强度的衰减（如图 3-11 所示），其衰减的强度与入射 X 射线的能量、物质的物理和化学特性等多种因素有关。设入射光强度为 I_0，透射光强度为 I，它们的关系为 $I=I_0e^{-\mu t}$，其中 μ 为物质的线性吸收系数，t 为 X 射线透过的样品厚度。人们通用谱仪发现，μ 在整个 X 射线波段范围内不是单调变化的，在某些位置会发生吸收跳跃和振荡，我们把 X 射线吸收系数在单调平滑的成分上叠加着的这种振荡结构称作 X 射线吸收精细结构（X-ray absorption fine structure，XAFS）。图 3-12 为 Cu-K 吸收边的吸收谱及其精细结构。

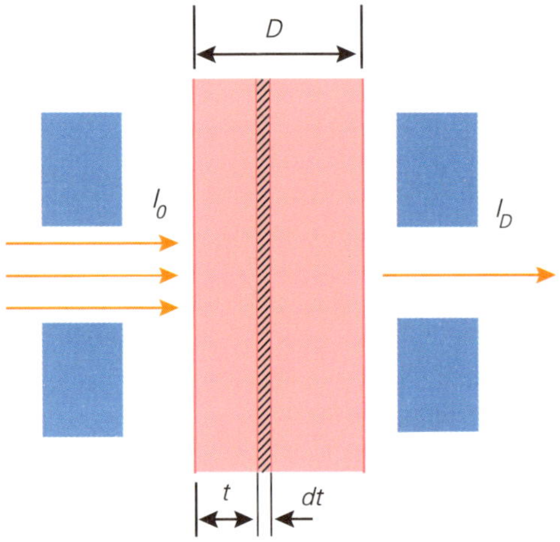

图 3-11　X 射线的衰减过程

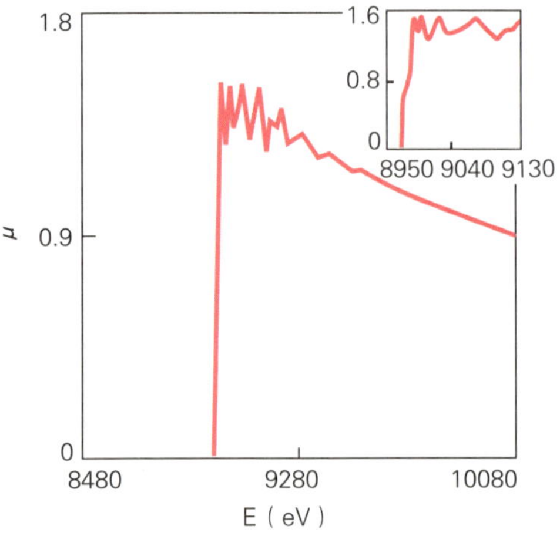

图 3-12　Cu-K 吸收边的吸收谱及其精细结构

X 射线吸收精细结构（XAFS）是一种同步辐射特有的结构分析方法。XAFS 信号是由吸收原子周围的近程结构决定的，因而它提供的是小范围内原子簇结构的信息，包括电子结构与几何结构，许多材料的特征正是由这小范围内的原子簇结构决定的。也正是因为它与长程有序无关，因而它不像 X 射线衍射，使用的样品必须是晶体，它可以用晶体，也可以是非晶体；它可以用固体，也可以是液体，甚至是气体；它可以用单一的物相，也可以是混合物等，所以它的适用范围很大，据统计，在世界各地的同步辐射装置上，各种形式的 X 射线吸收精细结构实验站曾占到全部实验站数的 1/4~1/3。

XAFS 理论模型为短程有序结构理论，即吸收原子的出射光电子波受到近邻原子的散射而形成散射光电子波，出射光电子波和散射光电子波在吸收原子处相互干涉，使吸收系数 μ 发生变化。当两者位相相同时，出现干涉极大，而当两者位相差 π 时，出现干涉极小，从而形成了 XAFS 谱的振荡结构，如图 3-13 所示。（a）为光电子出射波与散射波位相相同的情况；（b）为光电子出射波与散射波位相相反的情况。

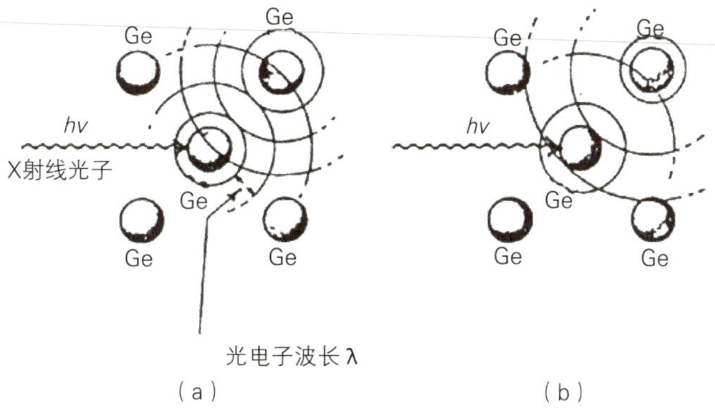

图 3-13　XAFS 原理示意图

二、同步辐射 X 射线吸收光谱的分类

X 射线吸收光谱可以分为近边吸收谱（X-ray Absorption Near Edge Structure，XANES）和扩展边吸收谱（extended X-ray absorption fine structure，EXAFS）两部分（如图 3-14 所示），从吸收边前区到吸收边后约 50eV 为 X 射线近边吸收谱，其特点是存在一些分离的吸收峰、肩峰和吸收主峰，并具有连续的强振荡，它所包含的信息主要有体系对称性、吸收原子的价态以及紧邻原子的立体空间结构等。从吸收边后 50eV 到 1000eV 的谱线为扩展边吸收谱，其特点是连续、缓慢的弱振荡。扩展 X 射线吸收现象决定于短程有序作用，不需要长程结构，可得到吸收原子邻近配位原子的种类、距离、配位数、无序度因子等信息。

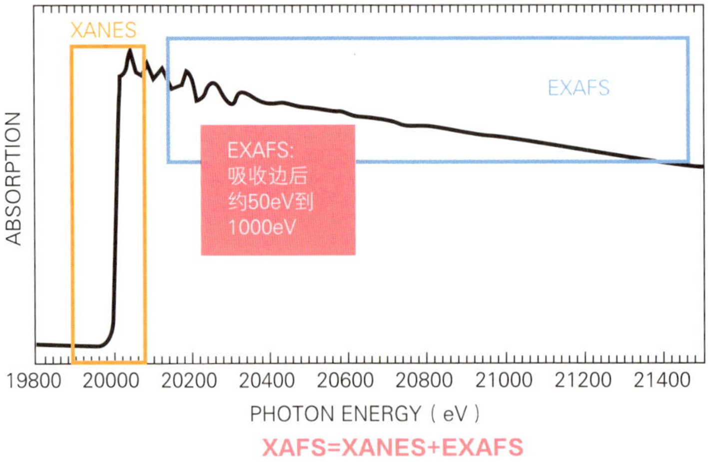

图 3-14　X 射线吸收谱

三、同步辐射 X 射线吸收光谱特点

近三十年来，XAFS 谱技术被广泛应用于研究各种物质的原子近邻结构，其独到之处是弥补了其他方法的不足，归纳起来，XAFS 谱方法具有如下特点。

（1）局域性。由于 XAFS 对应着原子的近邻结构，它不要求被研究的物质具有晶格周期性，因而它除了用于研究晶太物质的原子近邻结构外，对非长程有序的物质，例如：非晶、气态及熔态物质的原子近邻结构研究同样有效。

（2）元素选择性。由于不同元素吸收边的位置不同，因此通过调节入射 X 射线的能量，可以分别测量不同元素的 K 或 L 吸收边，从而可以选择性地研究多元样品中不同元素的近邻环境。另外，由于不同元素背散射振幅的差别，原则上可以用来区分散射原子的种类。

（3）敏感性。利用高强度的同步辐射光源及荧光 XAFS 技术，可以测定样品中含量很低的元素的近邻结构，因而很适用于掺杂物质中，杂质原子的近邻环境研究。

（4）取向性。利用偏振的 X 射线源并考虑多重散射效应，可以研究样品中原子的配位键角及原子排列的空间取向，在某些情况下，能够获得远配位层的原子结构信息或配位键角信息。

（5）广泛性。除常规的 XAFS 技术（透射法和荧光法）以外，还衍生出许多相关 XAFS 技术，XAFS 技术作为一种探测原子近邻结构的手段已被广泛地应用于多学科的结构研究。

XAFS 是一种强有力的结构分析手段，在分析时不需要破坏样品，非常适合于珍贵的古代颜色釉、彩陶瓷、古玻璃等的精细结构研究，挖掘更多颜料、瓷釉的“潜”信息，研究古代艺术品致色元素的含量及其状态，探讨其呈色机制和烧成制度，具有十分诱人的前景。

第四节　同步辐射在考古学中的应用

一、同步辐射 -X 射线衍射分析对宝石的研究

意大利锡耶纳大学的研究人员用 SR-XRD 结合其他分析手段分析了 25 枚在罗马的帕拉蒂尼山（Palatine Hill）发掘出土的 2—3 世纪生产的珍贵宝石（图 3-15 所示）。SR-XRD 分析是在法国的欧洲同步辐射（ESRF）上完成的。X 光束通过 Pt 双晶单色器，光斑大小为 $100\mu m^2 \times 100\mu m^2$，波长为 0.6151Å，总共获得了 50 个衍射花样。研究结果表明，发掘的 25 块宝石中，有 20 块玉髓（其中包括 2 块无色玉髓，11 块红玉髓，1 块肉红玉髓，3 块含 Cr 玉髓，2 块尼克莉石和 1 块鸡血石），2 块碧玉，1 块铁铝石榴石，1 块橄榄石和 1 块天青石。目前宝石比较贵重而且携带比较方便，所以其矿源、加工以及销售可能并不在同一地区，

图 3-15 考古发掘的古宝石样品

甚至相隔甚远，而目前在世界范围内对于宝石矿源的研究还比较少，这对追踪宝石在古代的交易路线造成了比较大的困难，此项研究对以后宝石的溯源起到了很好的探索和指导作用。

二、同步辐射 -X 射线衍射分析在古代青铜器中的应用研究

美国西北大学和芝加哥艺术学院的研究人员利用同步辐射 -X 射线衍射分析了由芝加哥艺术学院提供的两件中国古代青铜器：第一件为西周时期（公元前 1100—1000 年）的容器斛的碎片 [如图 3-16 所示,（a）为古代容器斛,（b）为研究中分析的斛碎片]；第二件为带有镶银鞘的戈（图 3-17 所示）。该项研究是在美国阿贡国家实验室第三代同步辐射光源——先进光源（APS）的 1-ID 实验站进行的。实验采用的 X 光能量为 85keV（λ=0.015nm）的单色光源，测量时间为 60S。测量斛碎片时，X 射线光束与样品法线成 30°，束斑大小为 20μm×200μm，样品厚度平均为 7mm，衍射光斑每 20μm 采样一次，从表面开始深度为 1.3mm，图 3-18（a）为距表面 100μm 深度时的衍射花样，图 3-14b 为距表面 1040μm 处的衍射花样，对衍射图形进行数据处理的结果表明，在距表面小于 400μm 的范围内，其主要成分为 Cu_2O 和 SnO_2，而在大于

（a）

（b）

图 3-16　中国古代青铜器—斛，其中（a）图为完整器，（b）图为研究中所用斛碎片

图 3-17 带银鞘的戈（白色部分为镶银）

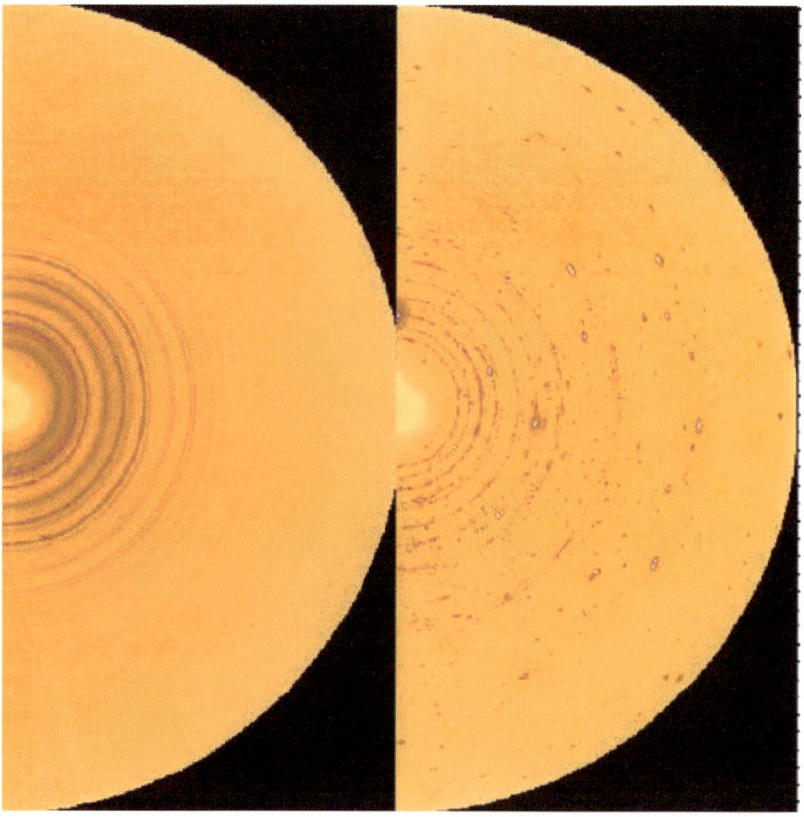

（a）　　（b）

图 3-18 斛碎片 X 射线衍射花样

400μm 的深度，Cu_2O 和 SnO_2 的峰已经非常微弱，而铜合金（Cu，$Cu_{41}Sn_{11}$ 和 Pb）的衍射峰比较显著，从而用无损的方法确定了该样品的腐蚀厚度大约在 400μm。对于戈的测量方式基本上与测量斛时一样，结合 X 射线成像技术，发现镶银的鞘是跟戈一起铸就的，从而解决了学术界一直争论的祭祀用的戈是否有内刃的问题。

三、同步辐射 X 射线吸收光谱对古颜料的研究

埃及蓝最早是 1814 年在意大利的壁画中发现的蓝色颜料，后经考古学家发现早在 2600 多年前，古埃及人就用它绘制装饰物，它被认为是最早的合成颜料，所以考古学家们一直致力于研究这种颜料的成色机理。为此，法国卢浮宫研究实验室的研究人员采用 XAFS 分析了古代埃及蓝、埃及绿和一系列现代埃及绿中 Cu 的化学环境。该实验是在德国柏林同步辐射（BESSY）KMC2 实验站完成，束线用 Si-Ge（111）双晶单色器聚焦，光斑直径为 0.5mm，光谱采集使用光电二极管，与 X 束线成 45° 角。吸收谱采集步长分别为：吸收前边 8800~8960eV，步长为 0.5eV，8960~8980eV 范围内步长为 0.25eV，在吸收边 8980~9050eV 范围内步长为 0.5eV，在扩展边 9050~9992eV 范围内步长不断变大，每次扫描时间为 20 分钟，一个样品扫描八次。通过对古埃及蓝、古埃及绿以及一系列在不同温度和材料配比的现代埃及绿的 XAFS 分析，研究人员发现，现代埃及绿和古代埃及绿符合最好的情况是，在 1000℃的烧成温度下，原料配比为 53% 的硅，35% 的碳酸钙，5% 氧化铜和 7% 的碳酸钠。古埃及蓝和古埃及绿为两种不同的合成颜料，虽然两种颜色中 Cu 的价态都是 +2 价，但埃及蓝中 Cu^{2+} 结构呈平面四方对称结构，和 $CuCaSi_4O_{10}$（硅铜钙石）相类似，而埃及绿拥有孔雀石色调，其含铜非晶相中，Cu^{2+} 离子呈畸变的八面体对称。

日本曾有学者对土耳其一遗址出土的陶器进行了研究，同时，他们还从遗址附近采集黏土制成陶坯，分别在不同气氛和温度条件下烧成参考样，并测取了这些参考样品以及遗址出土陶器样本中 Fe 元素 X 近边吸收谱（图 3-19 为不同烧成温度的 XAFS，图 3-20 为不同颜色的 XAFS）。研究发现在氧化气氛下，不同温度所烧制陶器与黏土原料中 Fe 元素近边吸收谱特征保持一致，而在还原气氛下，300℃时所烧制陶器与黏土原料中 Fe 元素近边吸收谱特征保持一

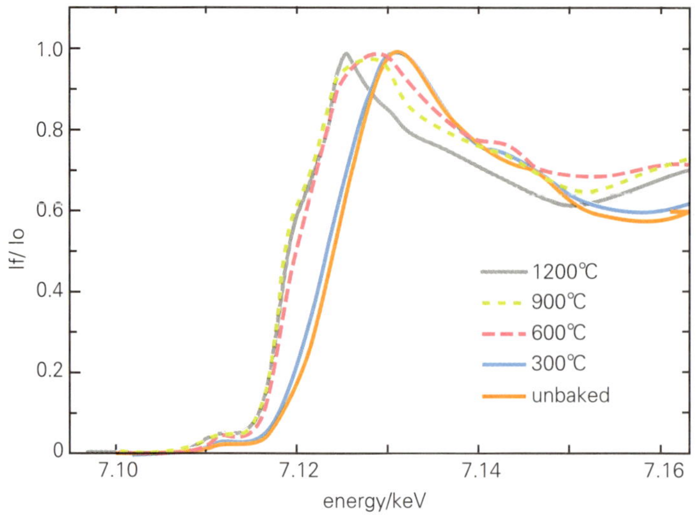

图 3–19　不同烧成温度的 XAFS

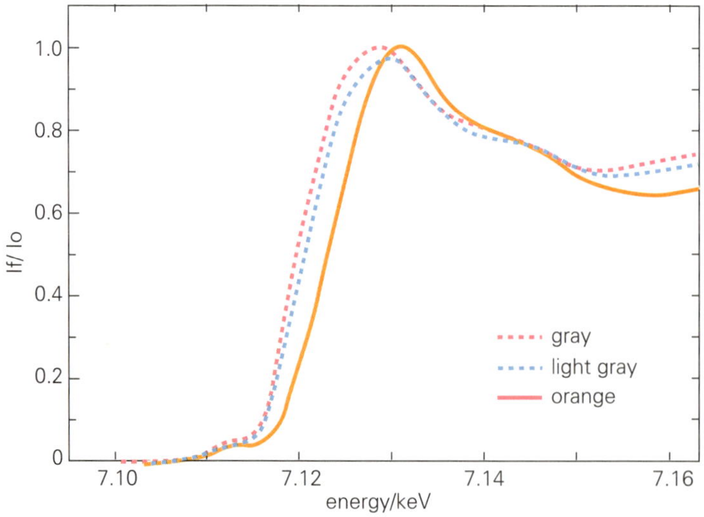

图 3–20　不同颜色的 XAFS

致，温度逐渐由 600℃上升到 1200℃时，谱的边前峰、吸收边以及吸收峰的能量逐步减小，反映了 Fe 元素价态在还原气氛中逐渐由 +3 价变成 +2 价的过程；出土陶器颜色由灰色到褐色直至橙色，其 Fe 元素吸收边能量逐渐变大，说明灰陶主要是在还原气氛或者在弱氧化气氛下烧制的，而黄色陶器是在氧化气氛下烧制的。

四、同步辐射 X 射线吸收光谱对古船的研究

英国在朴次茅斯海港建设的“玛丽露丝号”沉船（如图 3-21 所示）保存和展出场地，堪称是当时耗资最大的水下考古博物馆。“玛丽露丝号”是 16 世纪英国国王亨利八世时代的舰队中的领航舰，也是亨利八世最喜欢的战舰之一。1545 年 7 月 19 日，“玛丽露丝号”在前去迎战法国舰队的途中，于英国南岸的索伦特海峡沉没。沉船的位置离朴次茅斯港约 2 千米，可以说离陆地的距离非常近，以至于站在南海城堡塔楼上的亨利八世亲眼目睹了这艘以他最喜爱的妹妹的名字命名的战船的毁灭。由于下沉速度太快，仅有 400 多名船员和士兵生还，最终“玛丽露丝号”沉在了水下约 14 米的深处。1982 年，这艘沉船被发现并被打捞上来，由于海底泥沙的保护，船体的一半得以保存。但是，自从被打捞上来以后，船木表面开始硫化，船上的一个枪盾被硫化变黄（如图 3-22 所示），有相关研究称，目前整个船体自从打捞上来以后已经至少沉积了 2 吨的硫的氧化物。为了解船体

图 3-21　玛丽露丝号沉船

图 3-22　硫化的枪盾（黄色为硫的化合物）

不断硫化的原因，英国肯特大学的研究人员利用同步辐射 -X 射线吸收谱和 X 射线衍射对船首上的部分木材进行了分析。该研究是在英国达斯伯里同步辐射光源进行的。硫的 K 边近边吸收谱显示，硫的氧化物的含量是随着木材的深度而下降的，在表面处大约 15% 原子含量，而在 50mm 处，其含量基本为零，而铁的 K 边近边吸收谱显示，木材内的铁元素为 Fe^{3+}，其含量随深度的改变基本上没有变化。X 射线衍射确定了几种可能导致氧化反应的矿物，其中包括磁铁矿（Fe_3O_4），黄钾铁矾［$KFe_3(SO_4)_2(OH)_6$］，方解石（$CaCO_3$）等。

第四章 透视文物的火眼金睛
——射线成像技术

各种类型的文物作为古代先人的物质文化遗存，它们在研究人类文明和社会发展方面有着重要的地位，因为它们身上携带着可以反映古代社会情况的多种信息。如何从多种角度挖掘文物内所包含的信息是考古学家最为关心的问题，影像观察无疑是最直接最有效的研究方法。传统的影像观察利用肉眼或借助放大镜、显微镜等直接观察文物的外表信息，这些手段为人类认识文物发挥了巨大的作用。但是随着考古研究的不断发展，人们发现文物的内部往往包含着许多考古学家感兴趣的信息。但是经过漫长的历史变迁，能够保存至今的文物只是先人创造的物质文明的很小一部分，很多文物个体都是非常珍贵的，需要后人好好保存。如果打开文物然后进行观察分析则会对文物造成破坏，这是人们不愿意看到的。那么，怎么样才能既不破坏文物，而又对其内部一探究竟呢？射线成像可以无损地、清晰地观察样品的内部三维结构，射线成像的这些功能特点使得它非常适用于对文物样品的观察。射线成像方法根据射线源和成像理论的不同可以分为许多种，而每项技术都有它的局限性，也有它的优势所在，篇幅所限，这里只对考古研究中应用较为广泛的两种技术方法进行简单的介绍。

第一节　X 射线成像

1895 年，德国著名的科学家 W. 伦琴教授（图 4–1）偶然发现了一种神秘的射线，这种射线可使被包裹的底片曝光，当时人们对这种射线一无所知。很多人建议把它命名为伦琴射线，但伦琴教授坚持根据它的神秘特性，称它为 X 射线。后来他利用这种射线做了许多的实验，其中有一张非常著名的伦琴夫人手掌的透视照片（图 4–2），是人类历史上第一张人体 X 光片，因此人们才认识到这种射线的穿透能力是非常强的。由于这一成就，伦琴教授在 1901 年获得第一届诺贝尔物理学奖。现在人们对这种神秘射线已经有了较为清楚的认识，X 射线本质上是一种波长很短的电磁波，范围约为 0.01~500 埃（1 埃 =10^{-10} 米）。通常认为当高速运动的电子束运动形式发生改变时就会放出 X 射线。现在人们获得 X 射线主要有两种方式：① X 射线光管，它是利用高能电子束轰击一个标靶产生；②同步辐射，它是利用高速运动电子在改变运动轨迹时放出。

图 4–1　W. 伦琴教授

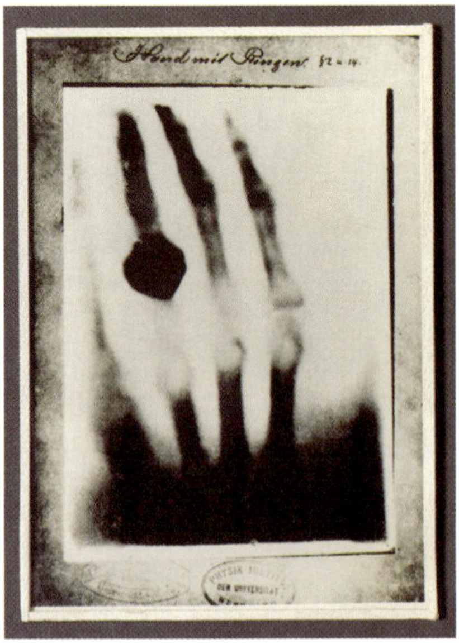

图 4–2　W. 伦琴夫人手掌 X 光片

一、X 射线照相法

X 射线管、加速器或放射性同位素源发射出 X 射线，射线透射进入并穿越被检材料或工件。穿越而出的射线随后与放置于被检材料和工件后的感光胶片发生光化学作用。由于被检测样品内部材料、密度和构成等情况的不同，穿透物体在底片上成像的结果也不一样，比如较厚的地方光穿过的就少，底片相应位置就暗，较薄的地方光穿过的就多一些，底片相应位置就亮一些，这样底片就记录下了被照射物体的内部情况；最后，通过对照相底片上透光情况进行观察，来分析和评价被检材料或工件的内部质量。随着技术的进步，传统的感光胶片已经逐渐被更为先进的数字化辐射照相法所取代。利用探测器（Digital Radiography）或成像板（Computed Radiography）把 X 光透射信息最终以数字化形式读取。这种照相方法应用于医院的身体检查（图 4-3），也可以用于工业的无损检测，同时配以图像处理系统可以在线实时显示物品内部的情况，可以应用于机场、铁路的行李、包裹的安检（图 4-4）。

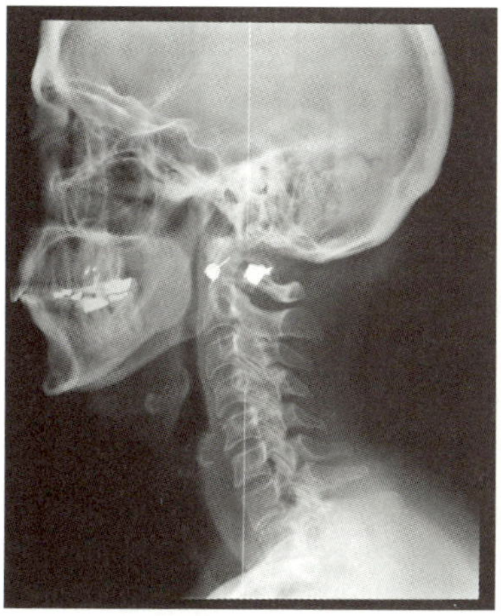

图 4-3　头部 X 光片，可以观察人体器官病变情况

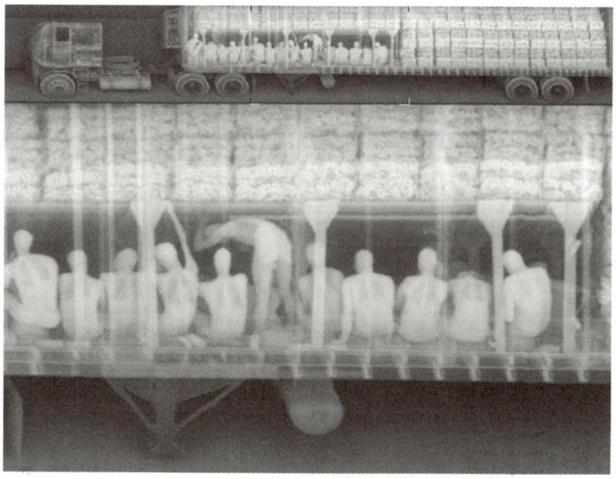

图 4-4　对偷渡车辆进行安检

二、X 射线计算机断层扫描法（XCT）

X 照相技术所获的图像只是样品的一个投影，样品内部各种信息沿 X 射线传播方向叠加在一起，无法分辨样品内部结构，如何利用透射信息完成物体内部三维结构的重建，就是计算机断层扫描方法解决的问题。1917 年奥地利数学家雷登（J.H.Radon）用数学原理证实了可以通过物体的投影合集来重建二维或三维图像，奠定了 CT 成像的基本思路。1968 年，科马克博士利用简易的 CT 模型验证并发展了从 X 线投影重建图像的方法，奠定了解析重建算法的基础；1972 年英国 EMI 公司的亨斯菲尔德研制成功第一台临床 CT，并且首先为一名妇女诊断出脑部的囊肿，取得了世界上第一张 CT 照片。科马克和亨斯菲尔德共同获得 1979 年诺贝尔生理学或医学奖（图 4-5）。CT 的问世在放射学界引起了爆炸性的轰动，被认为是继伦琴发现 X 射线后，工程界对放射学诊断的又一划时代的贡献（图 4-6）。它的基本思想就是利用 X 射线束在物体某个断层的多个方向进行扫描，透射的 X 射线投影在探测器的阵列上，通过电子学读出获得一系列投影值，投影值即为这一方向上样品对射线的吸收情况，当投影值足够多时，就可以利用数学方

图 4-5 科马克（左）和亨斯菲尔德（中）

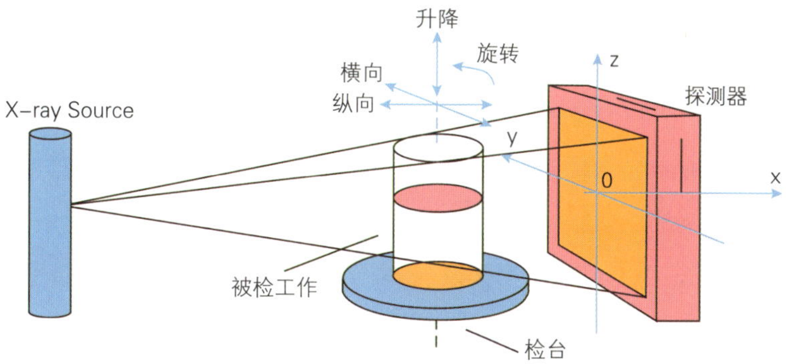

图 4-6　锥束 CT 系统扫描示意图

法对断层内不同位置结构情况进行重建，获得被照样品内部所含材料的空间分布、密度变化和各种缺陷的综合信息（图 4-7）。这种方法由于主要是利用物体对 X 射线的吸收，因此成为吸收衬度法。

近年，这种吸收衬度方法在应用过程中遇到了困难，因为碳氢氧等轻元素构成的样品对 X 射线吸收较弱，X 光经过这些轻元素构成的样品时，就像光穿过玻璃一样，观测困难，这对医学诊断是极为不利的，因为许多肿瘤发展早期仍然是

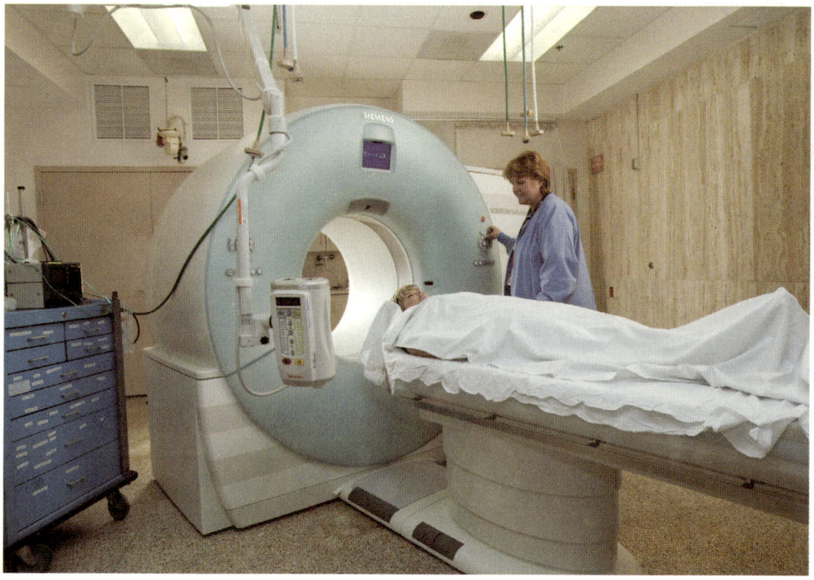

图 4-7　医用 CT 成像设备

轻元素组成的病灶，直到晚期才产生钙化现象，才可利用吸收衬度成像，这样即使利用 CT 观测到了肿瘤，也已经错过了治疗的最佳时机，严重影响患者的康复。因此科学家提出相位衬度成像，希望提高轻元素组成样品的分辨率。

可以说随着技术的发展和社会不同行业的需求，CT 技术在扫描理论、扫描方式、探测器等方面都有了很大变化，发展出了很多类型，不同类型设备在探测器、射线源与重建算法、扫描模式等关键技术方面都有各自的特点，适用于各种无损检测的需要（图 4-8）。同时技术的发展也使得 CT 的分辨率大大提高了，被测物体可以从微米级到米级，且被测样品的材料类型也更加多样（图 4-9）。由于 CT 技术具有非破坏性地检测物体内部结构的特点，当前它的应用领域也从医学扩展到药学（药效检测、新药开发）、材料学（新材料的开发）、工业（各种器件的质检和探伤）、农业（木材和种子的质检和分析）、工程（建筑材料内部孔隙度、连通度和渗透性分析）、珠宝（真伪识别和最佳切割方案设计）、考古（化石的结构和成分分析）等其他领域。近年来国内关于它的应用和发展也很迅速。

图 4-8　工业用 CT 成像设备

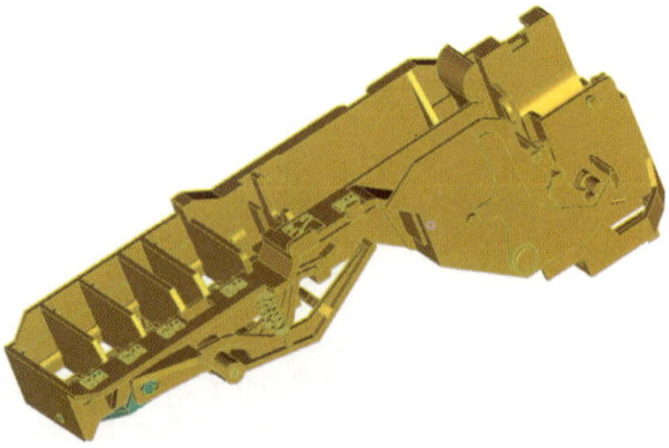

图 4-9　工业器件扫描

三、在文物及考古学研究中的应用

随着考古技术的不断发展和文物研究方法的不断改进，越来越多的现代工业手段被引入文物研究中。利用 X 成像技术可以观察文物内部的形态，反映其相关的结构特征、古代及近现代修复痕迹等，为器物真伪的鉴别和古代工艺，技术的研究提供依据。我国 X 照相技术应用于文物研究始于 20 世纪 70 年代，如上海博物馆，北京科技大学等。西安文物保护修复中心在与意大利研究机构合作期间，把 X 光照相技术系统用于文物的保护修复和研究工作中，以反映文物的保存状况和器物的古代制作技术特征等。

1. 对青铜器物的观察

青铜是红铜和锡的合金，因为其氧化物颜色青灰，故名青铜。由于青铜的熔点比较低，约为 800℃，所以容易熔化和铸造成型。另外青铜硬度较高，因此，在人类社会发展过程中青铜器逐渐取代石器成为人类主要的生产生活工具。自从青铜器被人类广泛采用，农业和手工业的生产力水平提高了，物质生活条件也渐渐丰富，可以说青铜期在人类历史发展过程中具有重要的地位。

盉（hé）是古代的盛酒器（图 4–10），这种器物在我国出现的非常早，盛于商晚期和西周时期。观察西周时期的一个铜盉器物，利用 X 射线获取器物的 X 光片，观察成像图发现其保存状况良好。人们最感兴趣的是器物的制作工艺，比如器鋬（器物的把手）与器体的连接关系（图 4–11）。在 X 光片绘制的轮廓图中可以观察西周器物盉的把手部与盉体连接处情况，显示把手与器物是两部分并未连成一体，因此可以推断器物把手与器体先分别铸造，盉先铸出，然后把鋬嵌入盉体外范中，实现与器体的连接。

2. 对密封文物内部结构的观察

被测物品是一个非洲的木雕盒子，盒子由两部分组合而成，内部装有物体，但打开盒子可能会破坏盒子本身。利用 CT 成像技术三位观察可以物体内部结构而又不对盒子产生影响。从 CT 成像的结果图中可以发现盒子内部有许多物体（图 4–12）。

图 4–10　铜盉（hé）

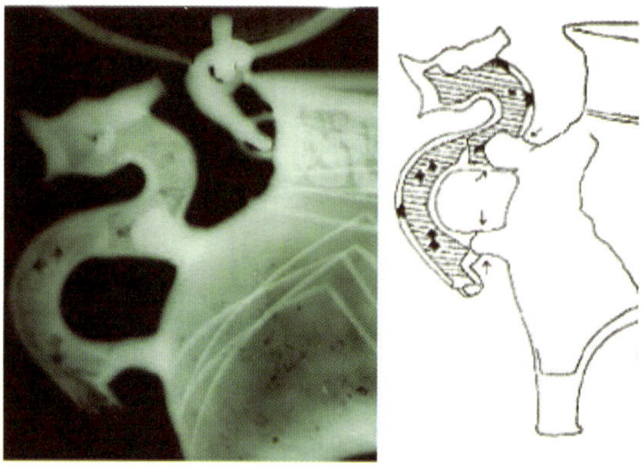

图 4–11　西周铜盉 X 光相片

图 4-12　盒子外观及其 CT 成像图

调节不同物体的灰度，可以产生不同的成像效果，利于分别观察感兴趣物体，通过灰度的调节，在像中可以见到盒子内部有贝壳的存在（图 4-13）。

图 4-13　通过调节不同物体的灰度，可以分别观察感兴趣物体

3. 对木乃伊的观察

世界许多地区对尸体用防腐香料处理，年久尸体干瘪，称为木乃伊。此词译自英语 mummy，源自波斯语 mumiai，意为“沥青”。在世界不同地区的木乃伊中以古埃及的木乃伊最为著名。古埃及人笃信人死后，其灵魂不会消亡，仍会依附在尸体或雕像上，所以古埃及人死后都会制成木乃伊，普通人的尸体制作较为简单，而地位显赫的法老王等死后制成木乃伊一般保存较好，还会建造金字塔用来安放木乃伊（图 4-14）。对于木乃伊的制作方法，历史上有过详细的记载。

（1）把最易腐烂的内脏部分掏出。古代埃及人认为，心脏是思维的器官，所以它必须留在体内。

（2）对内脏和体腔进行防腐处理，先用棕榈酒或椰枣酒进行彻底清洗消毒，然后在内脏上撒一层捣碎的香料，把它们放进四个坛子里存放起来；对于消毒后的体腔，先填进用布包的泡碱和其他临时填充物，然后把它放置于干燥的泡碱粉里约 40 天。待吸干了水分后，取出里面的填充物，改放用碾碎的没药、桂皮、泡碱、锯末等填充的布包，最后细心地缝上刀口，贴上一块画有大神荷拉斯眼睛的皮。古埃及人相信这种皮有强大的愈合力和保护力。

图 4-14　古埃及木乃伊照片

（3）将已处理过的尸体涂上一层油膏或松香溶液，然后用白色亚麻布将尸体裹起来，并安装假鼻和假眼。

（4）把死者的两手交叉在胸前，装入石棺，有时还在外面再加上一个棺材盖。这样，一个木乃伊就完成了。

木乃伊是考古学和病理学重要的研究材料，利用 CT 的三维图像，木乃伊的包裹层层地被打开，可以清楚的展示出木乃伊虚拟的皮肤、骨骼和内容物，不用打开木乃伊的包裹物，就可对木乃伊的性别、身高、死亡年龄、骨折、病理损伤、陪葬品、防腐制作工艺等进行探究。古人类的生活环境艰苦，争斗造成的创伤、营养缺乏、激素异常及疾病等因素在人类骨骼的遗骸上常常会留下痕迹，高分辨 CT 可以清晰地显示出创伤或病理对骨壁的影响，有助于了解古代人群的身体健康状况，追溯某些现代疾病的起源和分布（图 4-15）。

图 4-15　木乃伊 CT 扫描

意大利托里诺大学的科学家利用 CT 扫描和图像重建分析了 13 具埃及木乃伊（2650—2450B.C），这些木乃伊样品来自托里诺木乃伊博物馆。有意思的是其中一具木乃伊怀有胎儿，利用 CT 设备对胎儿位置进行扫描，获得了胎儿形状，这样就可以不用破坏木乃伊，研究幼年古埃及人的骨骼特点（图 4-16）。

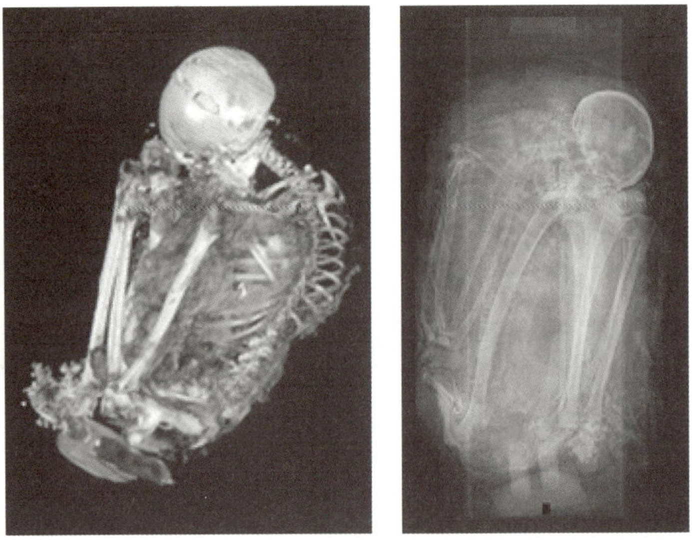

图 4-16 木乃伊胎儿的 X 射线成像图及处理后的效果图

4. CT 技术在古人类学研究中的作用

对于地层中出土的古人类化石标本，每块骨片内外表面附着的胶结物层，传统的研究方法是人工去除化石附着的胶结物，然后用石膏、硅胶等材料，对标本缺失的部位进行修整。但是由于标本埋藏环境不同，沉积物密度变化很大，有些沉积物的密度比标本大，有些密度同骨壁类似，这种情况下为避免破坏标本，研究工作只能停留在化石标本的外表形态上。

脑演化是人类演化的重要组成部分，其研究可以为人类起源、进化、人群关系、语言及智力发育等方面提供重要的信息。脑演化研究的直接证据是颅内模。颅内模作为古人类大脑形态的固化保存形式，储存着古人类脑的解剖、生理和进化等方面的信息，是分析和探索人类脑进化的最直接的证据。天然形成的颅内模非常罕见，传统的脑演化研究材料是人工复制的颅内模，及用硅橡胶或石膏填充法把头骨内面的形态特征复原出来。古人类化石的头骨多不完整，且颅腔内常附有地层的胶结物，故而理想的颅内模很难获得。这时复原颅内模就可以采用 CT 技术，因为它可以不用分离骨表面的胶结物，对头骨完成扫描后，利用计算机就可以完成头骨与附着物的分离，避免了伤害化石标本。另外对于不完整的标本，把头骨结构信息以数字信息保存下来后，可以利用特定软件工具，对其进行修补，简化了传统复原方法（图 4-17）。

柳江人头骨化石是 1958 年在柳州地区通天岩洞发现的，标本的内面附有坚硬的钙质胶结物，柳江人是中国境内年代较早的晚期智人代表，但他的生存年代目前尚无确切数据。采用高分辨率 CT 机对柳江人头骨进行了扫描及三维重建，获取虚拟的柳江人颅内模及脑的形态特征数据，为其在人类进化上的地位提供新的信息。通过分析，结果表明柳江脑多数特征与现代人相似，少数特征与现代人不同而似早期人类。对虚拟颅内模的测量显示柳江人的颅容量属于晚期智人的水平，远大于现代人的平均值（图 4-18）。

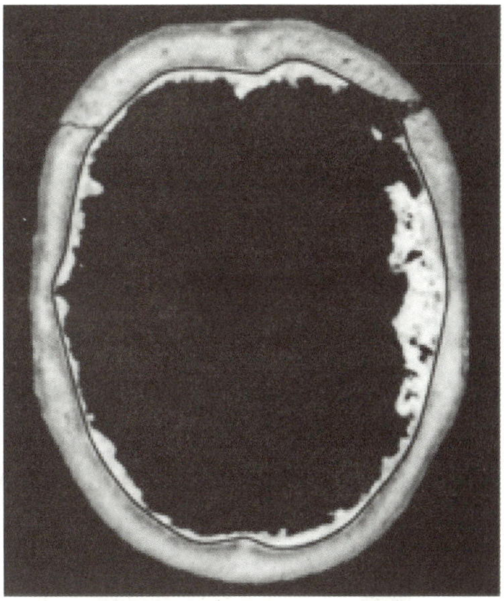

图 4-17　典型带有附着物的头骨化石断面

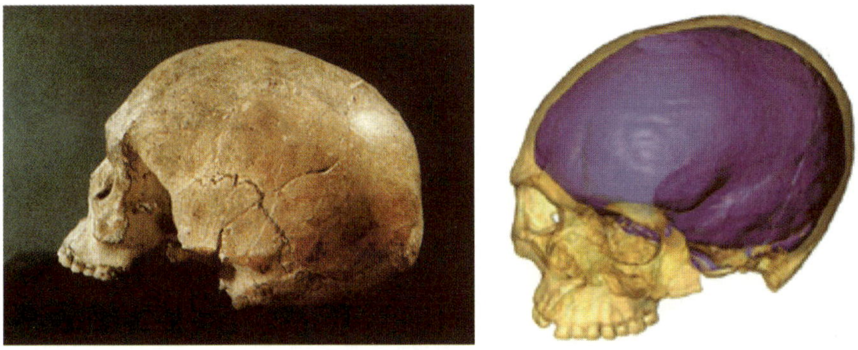

图 4-18　柳江人头骨及其利用 CT 复原的颅内膜

5. 对生物化石的内部观察——辽宁古盗鸟事件

1999 年美国《国家地理》发表科研文章宣称发现了特征介于恐龙和鸟类之间的化石，这块化石出自中国辽宁省，这一件新类型古盗鸟化石标本引起了国际学者的极大关注。因为许多科学家在研究了众多恐龙和鸟类化石之后，都认为鸟类和恐龙应该有亲缘关系，并且可能是某种小恐龙的后裔，但这足以验证这一推论的化石一直没有被发现。当《国家地理》这样一家权威杂志发表古盗鸟化石标本的发现时，引起人们的极大兴趣也就不足为奇了（图 4-19）。但是在 2000 年，国家地理学会却宣布古盗鸟化石标本的尾巴是另外一件兽脚类恐龙标本的一部分，因此可以断定辽宁古盗鸟是一个由不同动物骨骼拼凑起来的人为“物种”，这条消息更是引起了轩然大波，许多著名媒体都纷纷报道。古盗鸟事件不仅在古生物学家中甚至在普通大众中也产生了不小的影响。

图 4-19 古盗鸟

事情是如何发生的呢？1999 年犹他布兰丁恐龙博物馆馆长斯蒂芬·赛克斯在化石市场购得一块化石，这就是事件的主角古盗鸟化石标本。作为一位资深爱好者在见到化石后赛克斯意识到这件化石可能具有重大的科学价值，并且对化石标本的真实性没有丝毫怀疑，随后他和其夫人联系到一位在恐龙研究领域享有盛誉的学者菲利普·居里。居里和赛克斯夫妇在德克萨斯大学奥斯丁分校进行了短暂的会面，并且由该校教授蒂莫西·娄和同事对古盗鸟化石进行了 100 小时以上的 CT 扫描。在讨论扫描结果之后，蒂莫西·娄发现化石由许多岩块组成，其中一些裂缝有可能是人为拼接而成，但是这一观点并未起到应有的作用，化石标本被作为真品发表在了素以严谨著称的《国家地理》杂志。但同时中国青年学者古脊椎研究所的徐星在研究另外一件化石小盗龙标本时，发现古盗鸟化石的尾巴可能来自于这件标本，因此立即联系美国国家地理学会纠正了这一错误，避免了一场古生物研究悲剧。2001 年美国学者蒂莫西·娄等在著名的《自然》杂志上发表文章，利用 CT 成像技术分析标本，古盗鸟化石可能是由 2~5 件标本拼接而成（图 4-20）。如果小盗龙标本没有被及时发现，古盗鸟的故事可能会弄假成真。但值

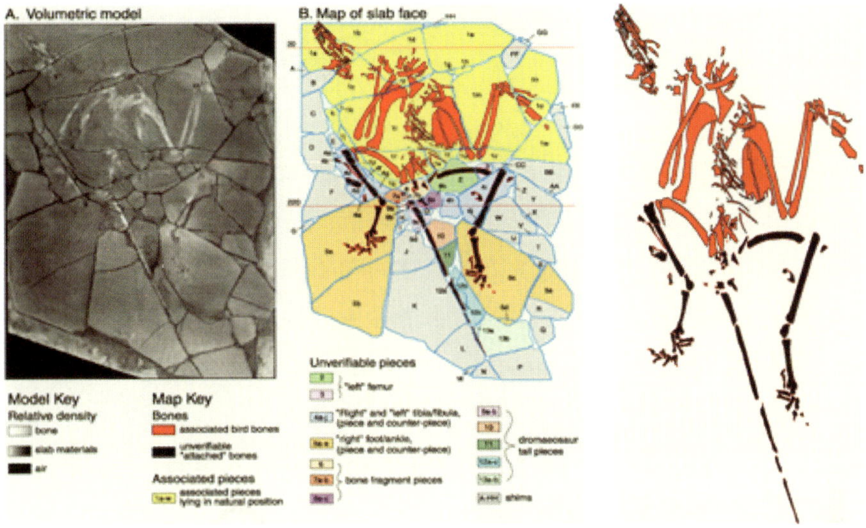

图 4-20　古盗鸟化石标本 CT 分析图

得思考的是虽然由于各种原因使得 CT 分析结果未能提早揭穿这一假标本，但作为化石研究中的重要分析手段仍然有着重要的科学价值。

第二节　中子成像

与 X 射线照相技术一样，中子射线也可以用来对物体成像，并且由于中子束自身的特点，它拥有 X 照相所无可替代的特点和优势，在应用于考古研究时两种方法可以互为补充。

一、中子成像技术

1. 中子

英国物理学家查德威克（James Chadwick，1891—1974）（图 4-21）于 1932 年发现了一种质量与质子差不多的中性粒子，因为其不带电，称为中子（图 4-22），并因此获得了 1935 年诺贝尔物理学奖。但当时人们对这种粒子的了解并不多。后来才慢慢认识到它是构成原子核的基本粒子。所有原子核都是由质子与中子组成的。质子带正电，而中子不带电，且中子的质量要比质子大一些。由于中子的发现，人类对原子核内部结构才有了较为清楚的认识，并且开始进入原子能时代。中子被束缚在原子核内部，那人类如何获得自由运动的中子射线为我们所用呢？自由中子主要是由核反应获得，由原子核内部的反应使得中子从核内部放射出来。人们把能产生自由中子的装置称为中子源，而中子源主要有四种——反应堆中子源、加速器中子源、中子管中子源和同位素中子源。中子射线可以作为一种理想的探针，在许多基础科学研究中广泛应用，为许多前沿科学发展做出了巨大的贡献。

图 4-21 查德威克

图 4-22 原子构成图

2. 中子成像设备及原理

中子不带电荷，在通过物质时，它并不受到原子电场的作用，只有在靠近原子核很近时，才会与核发生相互作用，因此中子射线束穿透能力非常强。很不容易阻拦，它可以轻易地穿透许多物质。而中子成像技术与 X 射线照相技术一样，是基于射线穿过物体时会发生衰减的基本原理，然而它又具有自己独特的特点。与 X 射线相比，中子束对原子序数低的元素材料更为灵敏，因此当物体中含有有机物质时，中子成像技术相对 X 射线照相就显出了自身的优势。

早在 1935 年就有人提出了中子照相技术的专利，但是由于技术并不成熟，图

图 4-23　反应堆中子源

像质量都非常差，但是表明利用中子束对物体进行成像是可行的。随着技术的不断发展，到了 20 世纪 60—70 年代，中子成像才在工业中得到了广泛应用，而到了 20 世纪 90 年代，这项技术进入了常规应用范围。

由中子源获得的中子按能量的不同可分为：冷中子、热中子、共振中子、快中子等（图 4-23）。它们都可以用来进行物体成像。每种中子都有各自的特点，其中热中子照相分辨率高，目前在中子照相中应用最为普遍，技术也比较成熟。但热中子只能穿透较薄的金属层，对于像炮弹这样的物体，就难以得到清晰的图案。快中子可以穿透较厚的金属层，但快中子照相的分辨率较热中子要差一些，快中子照相因为它独特的优点和实际的需要截至目前也取得了很大的发展和广泛的应用，成为中子照相的一个热点。不同的能量的中子，配合各自的专有的准直器和探测器系统等装置，就可以组合成适用于不同应用要求的照相系统。

二、在文物研究中的应用

中子照相可以用来分析古代文物的内部结构，用于青铜器制造工艺和构造、物体内置物品分析、油画特征研究与真伪鉴别等。科学家就曾经利用中子照相分析了印度制造的嘎伯答铜像，结果发现铜像的一条腿是后来由胶粘上的。

1. 佩特拉油灯的中子成像

佩特拉古城是约旦南部一座历史名城，位于阿拉伯东侧的一条狭窄的峡谷内（图 4-24）。佩特拉在希伯来语里即为“岩石”之意。同时它是一座在锈红色岩石上雕刻而成的城市，每到夕阳西下或早霞升起之际，整个古城连同山谷都被染成了玫瑰红的颜色，因此也有玫瑰红古城之称。在公元前 4 世纪至公元 2 世纪的数百年间，曾经作为纳巴泰王国的都城和东罗马帝国最令人瞩目的省城之一，扼守着阿拉伯半岛到地中海间的重要商路。公元 1812 年，一位年轻的瑞士探险家约翰·伯克哈特经历重重苦难，才发现这座隐没了的古城。

图 4-24　佩特拉古城

布朗大学收集了部分佩特拉古城出土的青铜器，其中一件为可以悬挂的青铜油灯。由于铜锈的腐蚀，灯体与盖子已经粘连在一起，如果直接打开，可能会破坏器物。研究人员把这些器物带到美国国立橡树岭实验所，利用三维中子成像技术分析了这件青铜器（图 4-25）。油灯上有一环形物体环绕，由于腐蚀严重已经不能分辨，但是从成像图中可以判断，应是一件珠宝，很可能是一只耳环。并且在图中还可以观察到灯的内部结构，可以对其制作工艺开展研究（图 4-26）。在文化层面看，考古研究人员可以通过器物了解古人及与之相关的日常生活行为。

图 4-25　实验人员与人类学家在做实验，
准备得到油灯的二维图像

图 4-26　上图为具有古希腊风格的灯，下图为中子成像照片

2. 对青铜器的内部观察：观察西藏青铜盒内佛经

佛教是世界三大宗教之一，广泛流传于亚洲国家。佛教起源于印度，于西汉末年经丝绸之路传入我国。在佛教创立之初，佛教徒们认为佛陀是大智大觉、完美无缺的圣人，具有至高无上的地位，有着“佛像不可显现”的传统思想。

关于佛像的起源，有许多种说法，但一致的观点就是佛像的出现与古希腊在雕塑方面的艺术思想和精湛技艺的传入有着密切的关系。古代希腊有“雕塑王国”之称，它们的雕塑能够充分地体现出对人体美的崇尚和深入细致的观察。公元2世纪左右，古印度的传教艺术家和民间工匠吸取了希腊人对人体艺术的表现形式，打破以往的传统思想，直接以人物的形象来表现佛陀的容貌和身体，以至于形成一场旷日持久的运动。佛陀“形象”的出现，不仅标志着原始佛教传统的中断，更标志着一种新艺术的诞生。随着佛教的传播和发展，除了释迦牟尼佛外，菩萨、阿罗汉乃至护法神等形象也成了雕塑的对象，题材更加丰富。雕塑家根据佛家经典，用不同的标志来塑造各种尊像，尤其是造像的手势，因此只需要察看雕像双手的位置、手指的屈伸、所持的物件和穿戴的服饰，便可以辨识出诸佛、菩萨造像的尊号（图4-27）。

图4-27 佛像

这些塑像可以满足信徒心灵上的需要，因此在宗教仪式里，经常都扮演着重要的角色。佛像艺术经过不断地发展，在制作上有很大的发展，除了用木石雕刻外，还有用金属铸造的，有用陶瓷烧制的，也有绘画在纸、绢上的。在研究佛像艺术过程中，由金属铸造的往往会遇到很大的问题。因为在佛教中佛像落成后，需要进行装藏仪式。装藏仪式需要在佛像底座填充物品，另外还要在佛像背后留一空洞，由住持高僧把一些带有宗教意义的物品放入封上，只有经过这种仪式的佛像才具有神识和宗教力量。放入的物品中可能包含五谷、金银珠宝或药材等，象征佛像的内脏（图4-27）。

佛像很注重的是要放中心轴，而它的材料一般要选择上等木材，然后在中心轴上面要包裹经卷，没有内部的经卷，它们就没有象征意义和宗教力量。所以在研究青铜铸像时，如果希望观察佛像的内部情况，可能就需要打开佛像，但这种行为会被认为非常不敬且非常危险（图 4-28）。

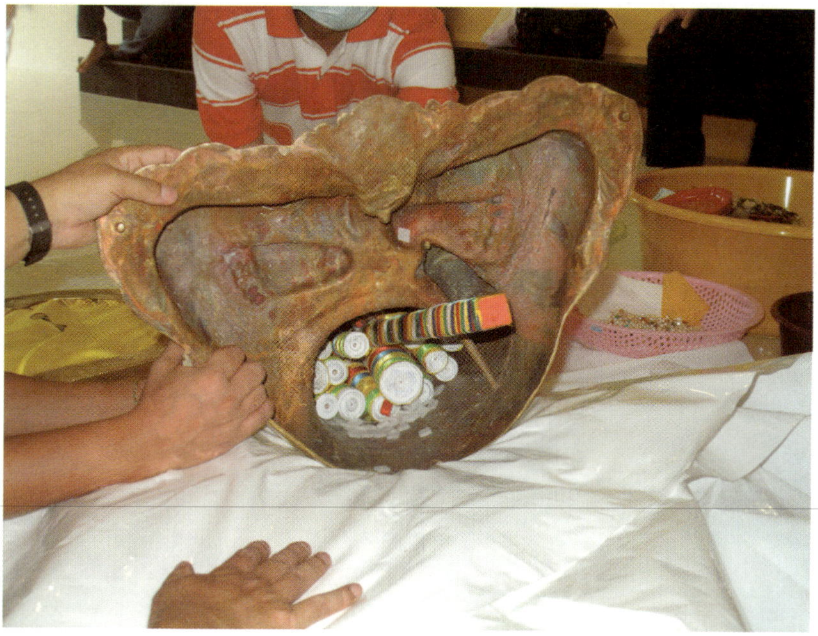

图 4-28 装藏

中子成像技术可以用来研究佛像的内部情况，因为它不但可以观察到内部金属类材料，还可以观察有机文物如经卷和主轴等，而 X 射线成像在观察有机物体时并不敏感。瑞士科学家收集了几尊青铜制佛像，利用中子成像技术进行分析，可以很轻易地观察到部分铜像内部中心轴和上面包裹的经卷，而其中有一尊佛像并未装藏经卷等宗教物品，只是填充了一些植物颗粒，这些结论可以为宗教学研究提供素材，而利用 X 射线 CT 成像则不能观察到佛像的内部构造（图 4-29~ 图 4-32）。

图 4-29 青铜佛陀塑像

图 4-30 青铜佛像的 X 射线 CT 图像

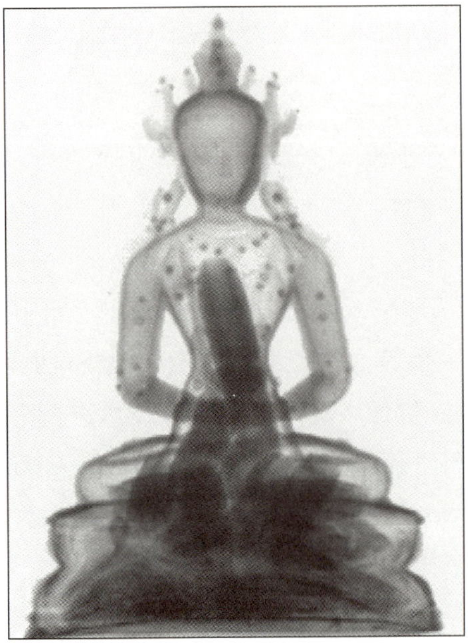

图 4-31 内部装有中心轴的佛像

图 4-32 内部装有植物颗粒的佛像

第五章

给文物消消毒

——辐照技术在文物保护中的应用

在人类漫长的历史过程中，古代先民在生产、生活和社会实践中产生并遗留下来的具有重要历史、科学和艺术价值的遗物和遗迹包含着特定历史时期存留下来的丰富信息，从不同侧面揭示出了一定的历史现象，是研究人类历史及其发展的可贵实物史料。但是随着时间的流逝，文物自身材料的变化和保存环境中各种因素的影响导致了文物的组成、结构和性能发生变化，使文物遭受到不同程度的破坏，甚至彻底毁灭，如古遗迹的风化、铁器的锈蚀和纸类纤维文物的糟朽等。作为中华文明的传承者，我们必须珍惜文物，对其进行科学保护，尽可能地延长古代珍贵文物的寿命，使古代先人遗留下的文物长期妥善地保存下去。

文物灭菌的方法以前主要是化学灭菌，利用环氧乙烷等气体杀灭文物表面和内部的微生物或害虫。但这种方法在广泛应用后遇到了很大的问题，一些研究结果表明这些气体对人体有极大的危害，因此一些国家已经禁止此类灭菌方法。这种情况下，电离辐照灭菌受到了人们的关注。电离辐射用于灭菌已经有多年历史，现在国外一些研究机构已经把这种方法应用于文物灭菌，实验结果表明电离辐照是一种可行且有效的针对文物的灭菌方法。国际博物馆理事会文物保藏委员会还成立了“用核辐照法处理保藏文物”的工作小组，用以推动这一灭菌技术的推广。令人遗憾的是我国这方面的研究工作仍然很少，与我国作为文明古国、文物大国的地位不相适应，与经济社会的发展进程不相适应。下面对两种辐照灭菌方法进行简单介绍。

第一节　伽马射线辐照

在 20 世纪 60 年代，一些研究人员已经对书籍等纸质样品进行伽马射线辐照灭菌，灭菌效果令人满意。

一、伽马光子辐照技术

1. 伽马射线物理基础介绍

伽马射线其本质上属于电磁波，它的波长比光短很多，一般认为波长短于 0.2 埃。伽马射线是由法国科学家 P.V. 维拉德首次发现的，它是继 α(阿尔法)、β (贝塔) 射线发现的第三种原子核射线，以希腊字母排序，因此称为 γ (伽玛) 射线。可以大量放出伽马射线的物体称为射线源，工业辐照中最常用的 γ 放射源是 ^{60}Co 和 ^{137}Cs 两种放射性元素，其中应用最广泛的是 ^{60}Co 源。这两种源放出 γ 射线都是由于原子核的衰变。以钴源为例，^{60}Co 是一种不稳定的核素，会自发地发生衰变，放出电子，从而变成另外一种核素 ^{60}Ni，而产生的新核素 ^{60}Ni 又处于能量较高的状态，因此它会放出 2 个能量相近的伽马光子从而变成能量比较稳定的状态，当大量的 ^{60}Co 放置在一起时，我们就可以获得较为稳定的 γ 射线了 (图 5-1)。

图 5-1　美国圣地亚国家实验室的 ^{60}Co 和 ^{137}Cs 伽马源

2. 伽马射线的应用

伽马射线可以有许多用途，既可以用于科学研究，又可以应用到社会生产生活领域，简单介绍几个方面：

（1）医疗用品杀毒：杀灭金属或塑料制理疗用具上带有的细菌和病毒。

（2）食品的辐照：可进行食品保鲜、育种、抑制发芽、病虫害防治，低剂量辐照种子可增加作物产量（图 5-2）。

图 5-2　工业用辐照设备简图

（3）污染物的处理：对工业生产中产生的废水和废气等污染的去污处理能达到非常好的效果。

另外一种医用设备，就是医院中常见的伽玛刀。医用伽玛刀设备是一个布满直准器的半球形头盔，头盔内能射出由 ^{60}Co 发出的伽马射线，这些射线有很强的穿透性，可以到达人体内部，但每条伽马射线剂量梯度极大，穿过人体但对经过路线上的组织几乎没有损伤。经过 CT 和磁共振等影像技术精确定位病灶位置，然后把多条射线从不同位置聚集在一起，产生很高的能量，摧毁病灶位置的组织。因为使用这种方法照射治疗病灶的范围与正常组织界限明显，能像刀割一样清除病灶，所以形象地称为伽马刀（图 5-3）。

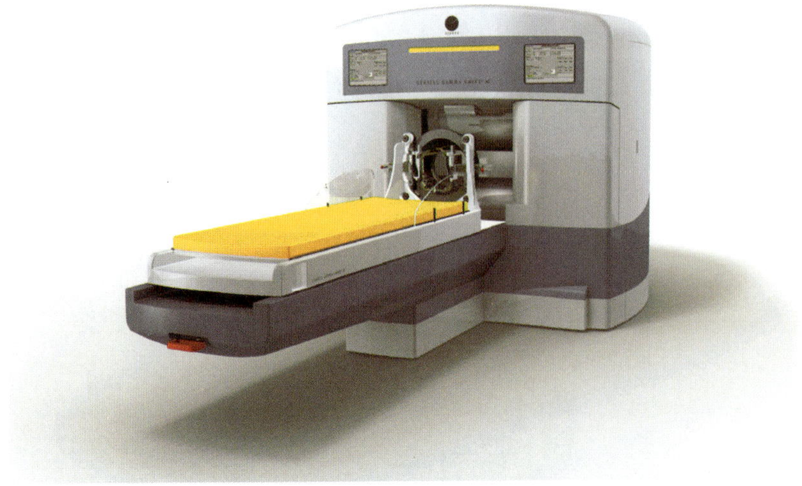

图 5-3 医用伽马刀设备

二、^{60}Co 伽马射线应用在文物灭菌工作中的实例

早在 1895 年伦琴发现了 X 射线的第二年，明克（Minck）就提出了辐射灭菌的思想。辐照灭菌的原理是电离辐射使构成细胞的分子发生变化，细胞是生物体的基本结构单位，是生物生命活动、遗传、变异的基础，足够剂量的照射会破坏细胞的结构，影响细胞的功能或杀死细胞。电离辐射杀死微生物的作用可以分为直接作用和间接作用两种。直接作用是生物体中分子直接受到电离辐射的作用，吸收辐射能量并导致生物体损伤的过程；间接作用是指电离辐射首先与生物体中的水分子作用，产生氢原子、羟基自由基、水合电子等活性粒子，这些活性粒子再与生物分子，如蛋白质、核酸、酶等发生作用，致使生物体的功能、代谢与结构发生变化，从而遭受损伤，这种作用称为间接作用，由于生物体中 80% 是水，辐射产生的总效应中，间接作用产生的效应通常占主导地位，不同微生物的辐射敏感度是不同的，生物构造越简单对辐照的敏感度越低。

在文物或档案非常珍贵且稀少的情况下，文物必须在适当且稳定的环境中保存，把外界环境对文物的破坏降低到最小，但是对于有害菌类来说，稳定的外部环境只能一定程度降低其生存概率，存放一定时间后，微生物对文物破坏的情况仍非常严重，在这种情况下利用电离辐照进行灭菌就显得尤为重要。

1. 欧美国家应用辐照对油画的处理

意大利的科学家探索利用伽马射线对各种类型的文物灭菌，评估辐照对文物力学性能、颜色变化和老化情况，墨迹和色料的变化，并且对部分受微生物侵害严重的文物进行了灭菌实验，菌落水平降到了期望要求，表明伽马射线辐照是一种行之有效的文物灭菌方法。并且根据经验他们认为，油画通过小于 10KGy 的照射剂量下一般不会受到损伤，并且菌类的杀灭效果非常好。巴西部分文物保护人员也曾经利用伽马射线对一件油画进行辐照灭菌，由于第一次灭菌效果较好，经过一段较长时间的保存后，又接受了第二次照射。此外罗马尼亚等国也曾经开展相关实验，都取得较好的灭菌效果，对文物进行了有效的保护。

2. 我国辐照灭菌工作的开展

当前国内利用电离辐射进行灭菌工作，还主要是集中在食品杀菌和医疗用品的消毒，并且在两方面都取得了不小的发展，但应用于文物的灭菌工作的报道却没有。我国许多单位都曾经开展过辐照灭菌的工作，积累了丰富的经验。纸质、漆木竹器类和纺织品等有机质文物是一类非常脆弱的文物（图 5-4）。有机质文物包含书籍、字画和档案等，这类文物的破损除了受到光照、温度、湿度等外部自然环境和自身材料变质的影响外，由于其材料主体是由纤维素或蛋白质构成，因此极易遭受生物破坏，如鼠类和有害昆虫的啮噬或有害微生物的侵蚀，造成不可挽回的破坏行为。我国这类文物的保存数量是非常多的，灭菌

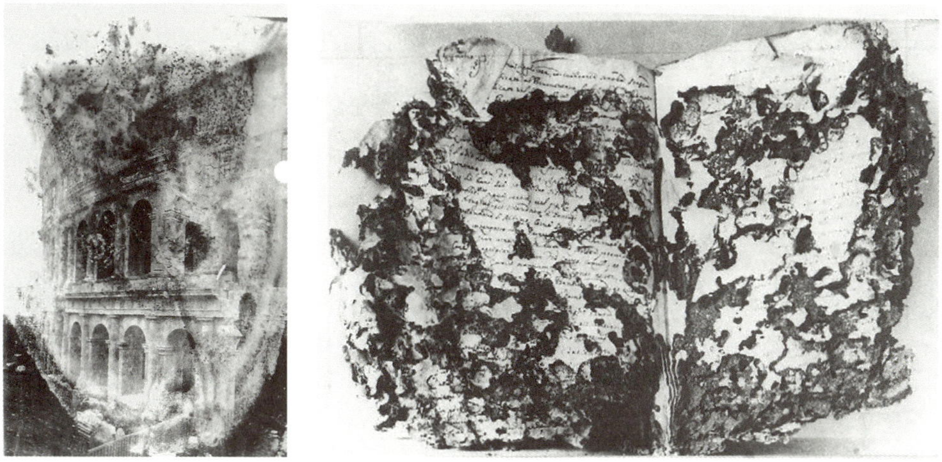

图 5-4　受微生物侵袭严重的相片和书籍

工作又是保护工作中的重点，完全可以开展电离辐射灭菌工作。希望今后中国的文物保护工作者能够从外国同行的成功案例中吸取经验，积极采纳新技术、新方法，与辐照机理研究人员相互配合，最终使得电离辐照技术应用到我国有机质文物保护的工作当中。

第二节　电子辐照

相对于 ^{60}Co 伽马射线，电子直线加速器由于其经济、安全和高效等特点越来越受到人们的关注。在工业应用中，它可以有两种工作模式，一种是电子束辐照，一种是高能 X 光辐照。

一、工业用电子直线加速器

1. 电子加速器的发展

1925 年库利兹曾用一个 250kV 的电压源加速了电子，并且用它辐照了一系列物质，开始了人工辐射源的研究，之后高压倍加器、静电加速器、质子回旋加速器和直线谐振加速器，相继问世。1944 年维克斯列尔、1945 年米兰各自独立地提出加速器物理的最基本思想 - 自动稳相原理，又催生了各种加速器，同时辐照应用技术也在迅速发展。进入 20 世纪 50 年代，辐照及其他应用技术规模化在工业上应用，促进了加速器装置从科研领域大规模向工业应用领域推进。目前工业辐照加速器装置主要有直流高压型辐照电子加速器和（高频）脉冲型辐照电子加速器两种（图 5-5）。但不管哪种类型加速器，它的基本工作原理都一样，电子束从电子枪发射出来后，在加速管内受到高

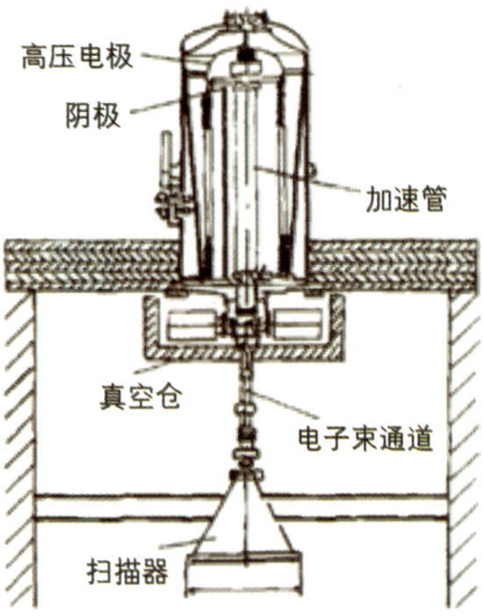

图 5-5　电子加速器构造剖面示意图

压电场的加速作用，将电子能量提高到额定的值，然后经过磁铁偏转再通过钛窗射出，从而获得高速电子束。

2. 辐照射线与物质的相互作用

辐射化学过程：工业加速器的初级辐射粒子的能量比电离作用，即破坏一个化学键所需的能量要高出几万倍。当初级粒子经过物质时，将能量转交给大量的分子，以引起激发和电子，由于键断裂而形成的带电的和不带电的分子碎片具有很高化学活性，并很快在彼此之间以及与其他分子发生反应，此时所生成的新的活性粒子－自由基和次级离子，继续参加反应，由此而使材料的分子结构改变，并形成具有新特性的物质。

生物体的辐照：吸收不同剂量的辐照在生物体内引起不同的效果，这些生物效应包括促进生长、减缓生长、遗传变异、消毒、生命功能终止及化学分解等。生物体对射线的灵敏程度首先决定于物体的本性，其次也决定于环境，如温度、湿度及气体组分等。

强流电子束在物质中的热效应：辐射加工中被辐射物体接受的能量绝大部分最终都要转化为能量，在高剂量下，辐照可使物体明显升温。通常，人们并不希望受照射物明显升温，当密集电子束与绝缘材料相互作用时，能量的消耗过程与金属热处理工艺相同，然而由于绝缘体与金属热处理工艺相同以及绝缘体与金属的热物理性质和其他特性的差异，因此，相应的热处理方法一般也明显区别于金属处理工艺，使用连续电子束加热时，绝缘体会发生熔化或蒸发。

3. 加速器辐照能够做些什么

工业电子加速器在许多领域都发挥了重要的作用。电缆绝缘层的辐射改性，聚乙烯薄膜的生产，电子束固化设备，纺织品的辐射加工设备，消毒和杀菌设备，探伤设备，辐射医疗设备，污水处理，排出气体的净化。其中人们可能较为熟悉的就是一种癌症治疗方法——放射疗法。这种治疗方法就是利用 X 线、γ 线、电子线等电离辐射照射癌组织，由于放射线的生物学作用，抑制癌细胞生命功能的能力，削弱有病变的细胞和某些组织的功能，从而破坏恶性肿瘤。其原理是依据大量的放射线所带的能量可破坏细胞的染色体，使细胞生长停止。最终的理想目标就是对健康组织辐射损伤最小的情况下完全消除具有再生能力的肿瘤细胞。目前国际上，在放射治疗中使用最多的是电子直线加速器。此外骨髓移植前，也必须进行全身的放射线照射，以消除所有恶性的细胞（图 5-6）。

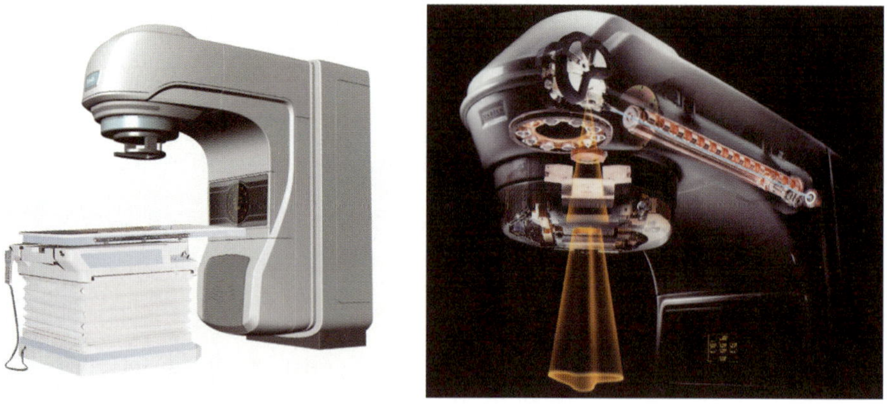

图 5-6 医用电子直线加速器

二、电子辐照在文物研究中的应用

1. 文物加固

1974 年 3 月，陕西陵东的西杨村的农民在村南抗旱打井，在陵墓以东三里的下和村和五垃村之间，发现了规模宏大的秦始皇兵马俑坑，这些兵马俑作为秦始皇死后的军队，守护在皇陵附近。俑坑的发现使得深埋地下长达 2200 年的宝藏被发掘出来。1979 年建成秦始皇兵马俑博物馆，发展至今，馆内对外开放三个俑坑，共有 8000 来个陶俑（图 5-7）。

图 5-7 秦始皇兵马俑博物馆

在影视作品中，经常可以看到秦朝士兵的服装以黑色为主，但是根据兵马俑的发掘情况来看，当时秦国军队并没有统一的军服，而是士兵自备服装，其衣着色彩绚丽多样，色彩种类不下十几种，其中尤以绿色最为流行（图5-8）。而陶俑身上的彩绘色料多为天然矿物质材料，这些矿物质都是中国传统绘画的主要颜料。如此大量和广泛的使用矿物颜料，不仅在彩绘艺术史上，而且在世界科技史上都有着重要意义。其中的“中国紫”——硅酸铜钡（$BaCuSi_2O_6$）被认为是人工制造的，在当时是如何被研制运用的则成了谜，秦俑是现在知道的有确切出土地点和年代最早使用它的实物。

图5-8　秦俑二号坑出土的绿面跪射俑——绿脸俑

经过分析研究，专家们发现在彩绘之前人们对陶俑表面先进行了预处理。由于陶俑是没有釉的素陶，具有较多的毛细孔，表面不能滑润。而彩绘则要求毛细孔不易太多，也不能太少，表面不宜太滑，也不能太涩。为了达到这一要求，陶俑在烧造之前表面似用极细的泥均匀涂抹，并加以压光，减少了毛孔，又提高了光洁度。陶俑表面还涂有一层薄薄的类似胶质的物质，使彩绘不易脱落（图5-8）。在两千多年的历史中，俑坑曾历经许多破坏和磨难，如山洪浸泡，项羽的军队在打败秦国以后曾经在皇陵放火焚烧，除此之外秦俑深埋地下不断受到环境的侵蚀，大多数兵马俑身上鲜艳的彩绘层绝大部分脱落，只有或多或少的颜色残迹。加之俑表面彩绘经过漫长地下的埋藏，突然暴露在自然环境中，受到光线的照射并且接触到空气后失水，而俑表面矿物颜料和胶层均已老化，颜料内部、颜料与生漆间、生漆与陶体间的凝聚力和黏附力都很脆弱，而夹在中间的胶层对湿度非常敏感，一旦失水会剧烈地收缩、龟裂、起翘、卷曲，拖着彩绘一起脱离陶体。一系列原因使得这些弥足珍贵的彩绘秦俑变成了现在人们看到的灰色军阵，失去了原有的鲜活生动（图5-9）。

图 5-9　兵马俑的现存状态

与轰轰烈烈的发掘比，秦俑的保护和修复工作并不尽如人意。在发掘之初，对秦俑的保护非常简单，用热水擦拭清洗，下雨时，只是以塑料薄膜遮雨，冬天以稻草帘子盖住陶俑保暖，可见当时文物保护水平不高，文物保护意识不够。不过现在，随着社会对文物的关注和技术水平的发展，秦俑彩绘的保护受到了极大的关注。1992 年，陕西省文物局与德国巴伐利亚文物保护局签署协议，借助德国先进的文物保护理念和科研仪器开展秦俑彩绘保护。为了妥善地保护好这些弥足珍贵的秦俑彩绘，中德专家历经十余年探索，研发了一种保护秦俑彩绘的办法——电子束辐照固法：用水溶性羟乙基甲基丙烯酸酯逐级敷渗，再用电子束辐照引发交联聚合反应，让彩绘色彩加固，减轻彩绘对环境的敏感度。加固剂在彩绘层内部和各层次间形成了聚合物膜和网状黏合线，将底层、颜料层及表面黏合在一起，起到了加固保护作用。应用这种方法陶俑表面彩绘保护较好，色泽自然，稳定性好，但是此方法不适宜处理眼角、胳膊等弯曲部分。

2. 辐照灭菌在文物灭菌应用领域的展望

可以用于辐照灭菌的有 X 射线、紫外光、中子、电子束等，在已有文保工作中主要是利用钴源的 γ 射线，但近些年由于钴料成本增加、污染环境和公众接受度低等原因，开展 γ 射线辐照工作存在一定的困难。电子辐照由于其辐照效率高，加工速度快，易于控制和无放射性废料等原因，该技术出现了快速发展的趋势。另外电子辐照加速器具有移动性，可应用于不可移动的壁画或木质建筑的灭菌，在文物保护工作中有很大的应用前景。

第六章 无损分析技术在考古中的应用

第一节 X 射线荧光分析（XRF）

一、引言

随着现代分析技术的发展，各种分析技术除了在测试精度、检测极限、可操作性等方面有了很大的改善外，一些分析技术在测试对象的形状、大小、状态等方面也大大地减小了限制，尤其是无损分析技术的发展，使得其在考古领域中的应用也更加广泛和深入。

X 射线荧光分析技术作为常规的分析手段，始于 20 世纪 50 年代初，经历了五六十年的发展，现已成为物质组成分析的必备方法之一。它具有制样简单、可测元素范围广、分析速度快、测试准确可靠、可同时测多个元素、不破坏样品、检出限可达 10^{-6} 等优点，已广泛地应用于各个领域。而对考古样品的分析研究，则始于 20 世纪 70 年代。此后，发展迅速，特别是在陶瓷考古方面，已经做了大量的工作，如高能所原核分析室的冯松林、范东宇、冯向前、程琳、雷勇和谢国喜等先后采用了 XRF 和 SRXRF 分析了浙江寺龙口青瓷（图 6-1）、江西洪州窑和湖田窑、唐三彩、河北三大白瓷名窑以及毛家湾出土瓷器的胎釉元素组成，并利用多元统计方法研究了这些古陶瓷元素谱的产地属性和年代特征；又如 XRF 在建立中国古陶瓷成分数据库方面的应用等。这些工作说明了 X 射线荧光分析技术在我国考古中的丰富实践和丰硕成果，并成为现代科技手段在考古中一个极为重要的应用。

图 6-1　寺龙口出土的宋代青瓷

二、X 射线荧光光谱分析技术的基本原理

当能量高于原子内层电子结合能的高能 X 射线与原子发生碰撞时，驱逐一个内层电子而出现一个空穴，使整个原子体系处于不稳定的激发态，激发态的寿命约为 10^{-12}~10^{-14}s，然后自发地由能量高的状态跃迁到能量低的状态。这个过程为弛豫过程。弛豫过程既可以是非辐射跃迁，也可以是辐射跃迁。当较外层的电子跃迁到空穴时，所释放的能量随即在原子内部被吸收而逐出较外层的另一个次级光电子，此称为俄歇效应，亦称次级光电效应或无辐射效应，所逐出的次级光电子称为俄歇电子。它的能量特征，与入射辐射的能量无关。当较外层电子跃入内层空穴所释放的能量不在原子内被吸收，而是以辐射形式放出，使产生 X 射线荧光，其能量等于两能级之间的能量差。因此，X 射线荧光的能量或波长是特征性的，与元素有一一对应的关系。图 6-2 给出了 X 射线荧

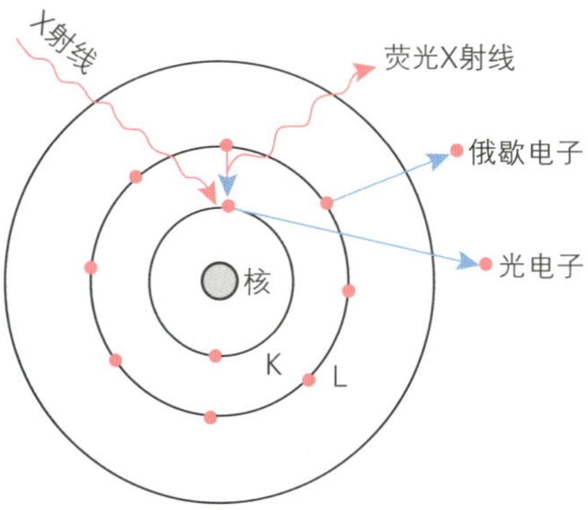

图 6-2　X 射线荧光和俄歇电子产生过程示意图

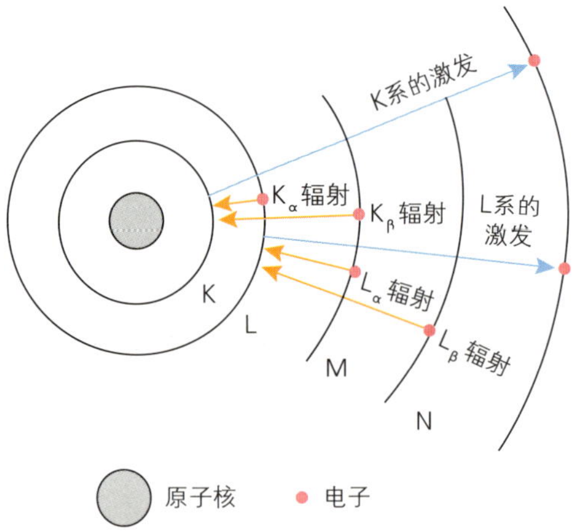

图 6-3　K、L、M、N 系辐射示意图

光和俄歇电子产生过程示意图。

K 层电子被逐出后，其空穴可以被外层中电子所填充，从而可产生一系列的谱线，称为 K 系谱线：由 L 层跃迁到 K 层辐射的 X 射线叫 K_α 射线，由 M 层跃迁到 K 层辐射的 X 射线叫 K_β 射线……同样，L 层电子被逐出可以产生 L 系辐射（见图 6-3）。

因此，测出荧光 X 射线的波长或者能量，就可以知道元素的种类，这就是荧光 X 射线定性分析的基础。此外，元素的特征 X 射线强度与相应元素的浓度有一定的关系，因此根据元素发出的特征 X 射线强度可以计算该元素的浓度。

近年来，X 射线荧光光谱分析得到了飞速的发展，一般来说，它具有以下特点：

（1）待分析样品可以是块状、粉末，也可以是液体的形态，并且也可以对样品进行微区分析。如北京师范大学开发了一种多毛细管技术的用于考古非破坏分析的系统。多毛细管可以将初级 X 射线聚焦到几十微米分析亚毫米尺寸的样品。

（2）适应范围广。除了 H，He，Li，Be 外，可对周期表中从 ^{5}B 到 ^{92}U 做元素的常量、微量的定性和定量分析。

（3）分析快速方便，可在短时间内同时完成多种元素的分析。

三、XRF 分析仪的结构和种类

根据分光方式的不同，X 射线荧光分析可分为能量色散和波长色散两类，也就是通常所说的能谱仪和波谱仪，缩写为 EDXRF 和 WDXRF。其中通过测定荧光 X 射线的波长实现对被测样品分析的方式称之为波长色散 X 射线荧光分析，而通过测定荧光 X 射线的能量实现对被测样品的分析的方式称之为能量色散 X 射线荧光分析。

WDXRF 是建立在 X 射线波动性基础上，根据布拉格定律对样品发出的特征 X 射线及原级谱的散射线进行分光，再将待测元素的特征 X 射线与基体中某些元素的高次线射入探测器并将光信号转换为电信号，经放大后，再将电信号转换为数字信号，然后由脉冲、由高度分析器筛除高次线、晶体荧光等，通过数据处理将特征 X 射线强度转化为浓度。图 6–4 为 WDXRF 谱仪光路结构示意图。

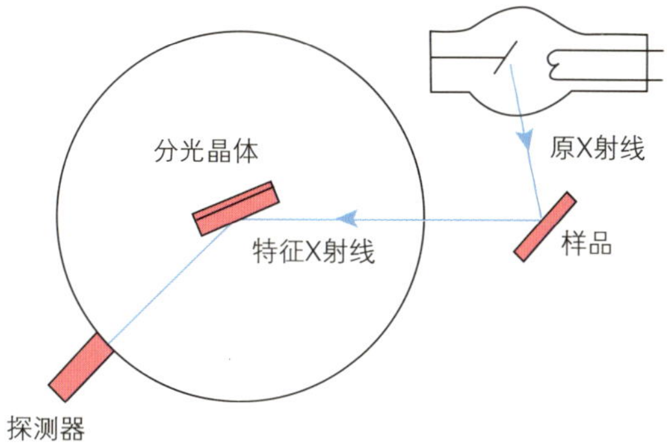

图 6–4　WDXRF 谱仪光路结构示意图

能量色散 X 射线荧光光谱仪不需要晶体及测角仪系统，当 X 射线管产生的原级 X 射线光谱辐照到样品上，或通过次级靶所产生的 X 射线辐照到样品上时，样品所产生的 X 射线荧光光谱直接射入探测器，不同能量的 X 射线经由多道谱仪等组成的电路处理，可获得特征 X 射线荧光光谱强度。如图 6–5 所示。

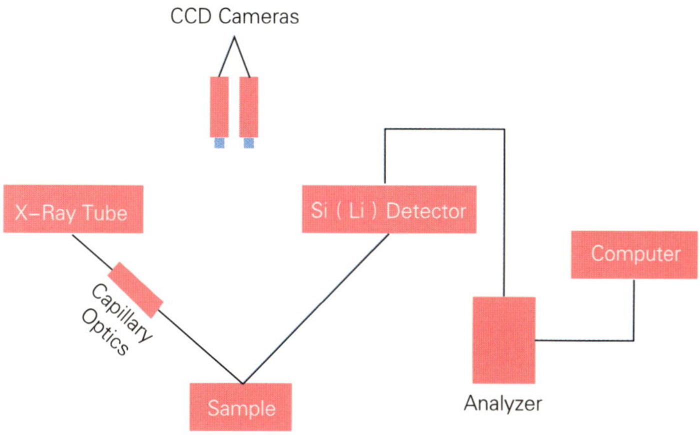

图 6–5　能量色散 X 射线荧光光谱仪结构示意图

近年来，利用微束 X 射线荧光（μ-XRF）分析研究考古样品得到了飞速的发展。μ-XRF 可以分析样品微区二维和三维的元素分布。微束 XRF 分析是将 X 射线束的直径降低到微米级的范围，这样就可以显著增加扫描分析的空间分辨率，也可以分析考古样品的微小区域或样品表面微量残留物，目前已经被认为是一种理想的考古样品分析方法。下面以北京师范大学低能核物理研究所建立的一套微束 XRF 分析系统为例，简单介绍 μ-XRF 的实验装置。

微束 XRF 谱仪主要是由 Rigaku D/Max 型旋转阳极靶 X 射线发生器和 X 光透镜组成的微束 X 射线源、Si-PIN 免液氮冷却的 X 射线探测器、$xyz\theta$ 四维样品控制台、CCD 相机和微束激光器以及相关的电子学系统组成。装置结构图如 6-6 所示。CCD 相机可以将被测的微小区域放大十几倍，以便用肉眼能够直接观察测量点的具体位置；四维样品控制台使用计算机控制以确保测量点位于 X 光透镜的焦斑上；两个微束激光器安装在 X 射线发生器的两侧，使两束激光的交点与激发样品的 X 射线束和探测器的交点相重合。X 光透镜收集来自旋转阳极 X 射线源的 X 射线，将它们汇聚成微束入射在被测样品上，通过调节四维样品控制台使

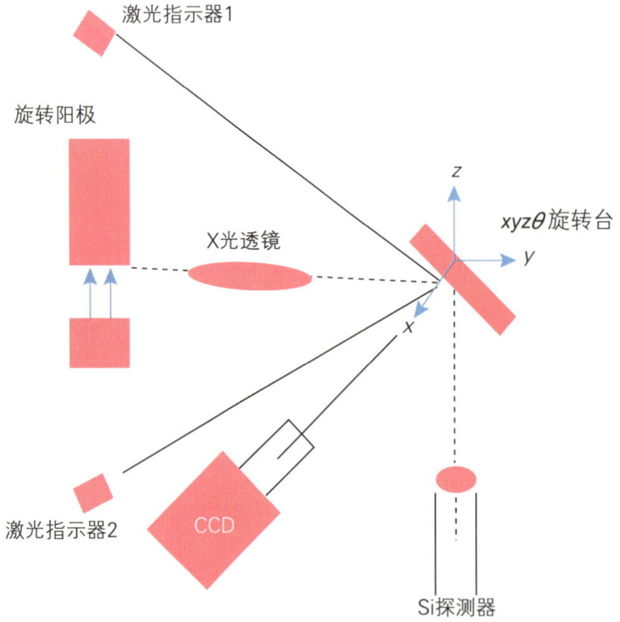

图 6-6 μ-XRF 的实验装置图

样品的测量点、透镜的焦斑和两束激光的交点相重合，然后通过 CCD 相机在线检测样品的测量情况。

四、X 射线荧光光谱仪在文物分析中的应用

在考古研究中，应用 X 射线荧光光谱分析，可以测定古代遗物中的成分，从而达到各种分析目的，了解当时的人类社会文化。X 射线荧光光谱分析主要应用于鉴定古代遗物的年代、真伪、产地和制作工艺等。现各举一些应用的实例如下：

铜镜，是古代人照面梳妆和整理衣冠不可缺少的用具，在我国流行了数千年。长期以来，除对铜镜本身的古器物学考察之外，关于其成分、金相组织、制作工艺以及表面处理的研究和讨论也是非常广泛的。汉代普遍使用高锡含铅的青铜镜（图 6-7），唐代在青铜镜中大量加入铅，宋代青铜镜中含铅量极高，达 30% 以上，并开始加入锌，元以后大量使用白铜镜，明中期后使用黄铜镜，通过 X 射线荧光分析其成分可以大致推断它们的年代。邓阳全等人在对一件魏晋时期的铜镜进行保护研究时（图 6-8），采用美国 NITON XL3t 型便携式 X 荧光光谱仪对该铜镜的镜面和镜背部位的元素组成进行了分析，XRF 结果表明该铜镜的基体成分为铜锡铅三元合金。

图 6-7　西汉时期的铜镜

图 6-8　铜镜的镜面（右）和镜背

刘煜等对西汉时期日光大明草叶纹镜铸范进行 X 射线荧光分析。该镜范出土于山东淄博刘家寨，为一残片。此范表面有一层黑色物质，看起来似乎浇注过。作者利用波长色散 X 荧光光谱仪对陶范表面黑色的成分进行了检测。表面层比基体多了很多金属氧化物。其中 Pb、Sn 和 Cu 均是青铜合金元素，由此可见，这一表面层应是合范浇注时高温的液体青铜流经陶范表面形成的，铅是极易发生偏析而富集在金属表面的元素，所以陶范表面层中的铅元素含量大大高于铜和锡。但表面层中硫元素的含量高于内层，可能是浇注之前经过烟熏的缘故。表面层中 Fe 的含量也较高。因此，作者认为这层表面层在浇注过程中，部分金属原子扩散入较为松散的陶范表面形成氧化层。此外，该表面层的 CaO 以及土壤中常见的其他组分含量较高是长期埋藏土壤的附着造成的，而 K_2O 含量低于内部则是由于泥范的泥料里混有稻壳灰的缘故。

近年来，XRF 无损分析技术应用于古陶瓷胎釉分析，以确立其成分，从而解决了古陶瓷原料产地来源等许多重大问题。以钧瓷（图 6-9）和汝瓷（图 6-10）为例，钧窑和汝窑两窑区同处河南中部，地域接近，土层成分相似，又都属于青瓷类窑区，在原料来源、制作技术等方面互相影响，所以在釉色上部分瓷器难以辨清，也就出现了“汝钧不分”的说法。郑州大学温昶等人利用能量色散的 X 射线荧光技术分析测试了若干严和店窑汝瓷和钧台窑均官瓷的胎釉化学组成，利用因子分析法从科学的角度上再次探讨了“钧汝不分”之说，如图 6-11 和 6-12 所示。钧官瓷和严和店汝瓷从釉色和胎料来源上，二者都是有区别的。多数钧官瓷无论是釉的配方上还是胎料来源上分布都十分集中，由此可以推测当时钧官瓷烧制相当集中，不仅官府管理有序，而且它的烧制工艺也是相当成熟的；相反，严

图 6-9　古钧瓷

图 6-10　汝瓷

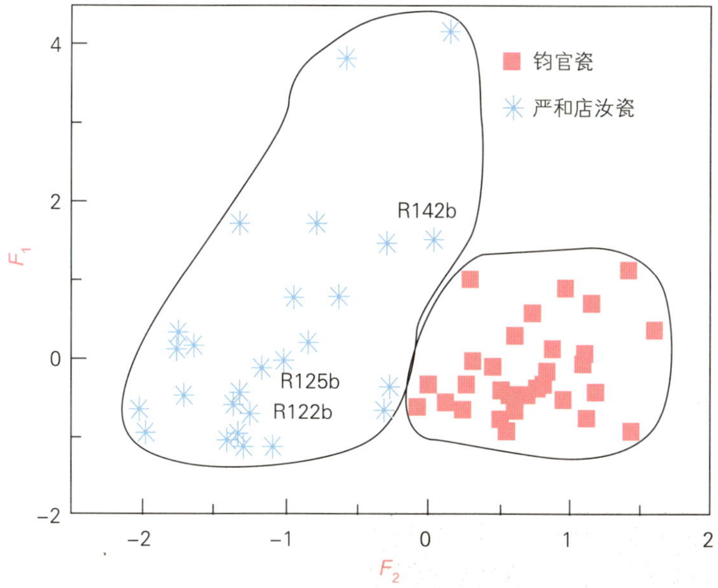

图 6-11　严和店汝瓷和钧官瓷胎的因子散点图

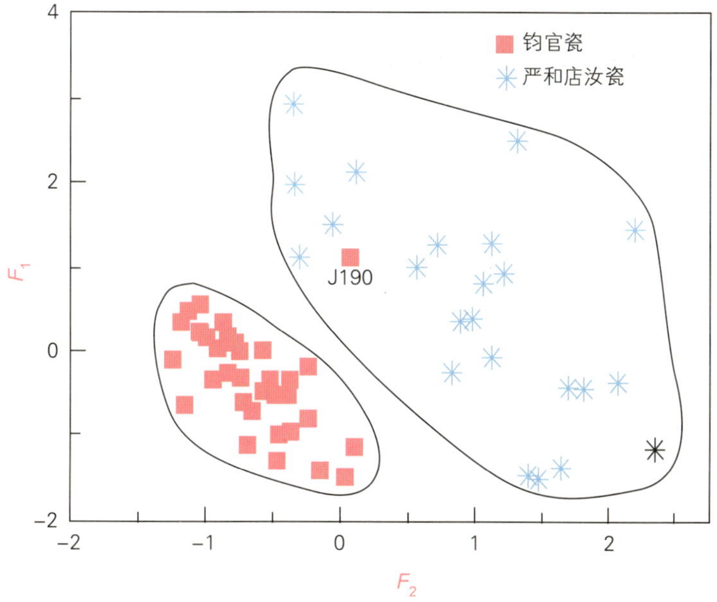

图 6-12　严和店汝瓷和钧官瓷釉的因子散点图

和店汝瓷分布比较分散，说明当时烧制分散，多家窑口各自为营。尽管“钧汝不分”之说在民间一直流传，但对所分析的钧瓷与汝瓷样品，依靠成分分析的方法多数都能够很好地区分开。

龙泉窑作为我国南方民窑的代表，在南宋时期其青瓷烧制工艺达到了巅峰，许多龙泉瓷器被出口到日本、东非、菲律宾群岛和近东等地（图 6-13）。在 1934 年，大英博物馆 R. L. Hobson 认为南非马蓬古布韦遗址发掘的龙泉青瓷是南宋后期龙泉窑的产品，但很多东方学者不同意他的观点。Linda C. Prinsloo 采用波长色散的 X 射线荧光技术（WDXRF）对南非 13 世纪的马蓬古布韦遗址发掘的龙泉青瓷进行了成分分析（图 6-14），并且与五代到明的龙泉瓷釉的 CaO : K_2O 比值作了比较，详见图 6-15，确认为这些瓷片属于元代或明代早期的龙泉青瓷。

图 6-13 洪武和永乐时期龙泉枫洞岩窑址出土的龙泉青瓷

图 6-14 马蓬古布韦遗址发掘的龙泉青瓷

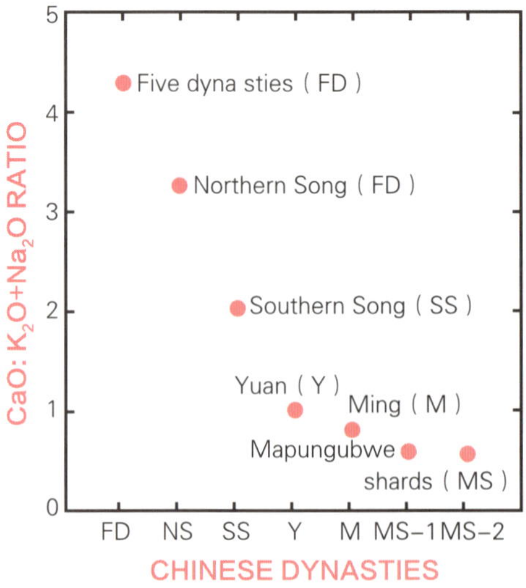

图 6-15 不同时期 CaO : K_2O 比值

Horiba 公司用微束 XRF 无损分析了日本龙谷大学图书馆提供的尼泊尔手稿，对手稿中的图像的颜料（图 6-16）进行了元素扫描。扫描结果如图 6-17 所示，佛像的皮肤是用金粉涂的，图像中呈现绿色或蓝色的区域是铜元素，佛像衣服上的铅含量相对比较高。

图 6-16　尼泊尔手稿 – 红色框显示的是分析区域

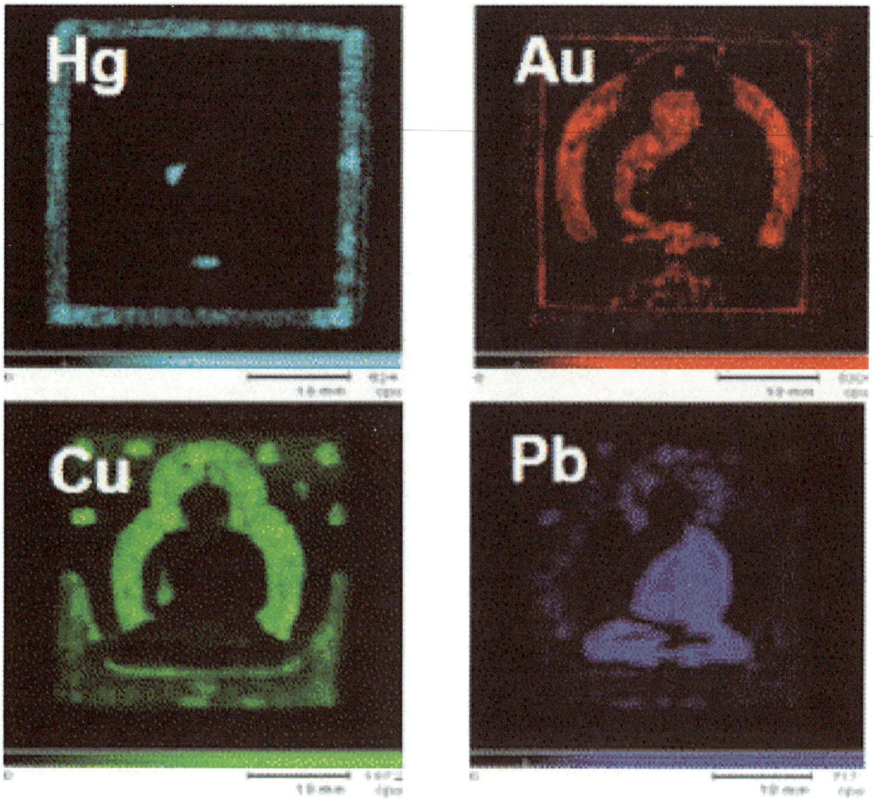

图 6-17　手稿的 μ-XRF 元素扫描图

第二节 质子激发的 X 射线荧光分析（PIXE）

一、引言

质子激发的 X 射线荧光（PIXE）技术是离子束分析的一个重要分支，它是由开创者 Sven A. E. Johansson 等人在 1970 年首次发展起来的一种 X 射线荧光分析法。如今 PIXE 技术已成为一项成熟的多元素分析技术，已被应用到各个方面，尤其在环境科学、生物医学和考古研究等领域获得广泛的应用。目前国内主要有复旦大学和北京师范大学等单位开展 PIXE 的分析研究和服务工作。

二、PIXE 分析原理和方法

质子激发的 X 射线荧光分析是一种多元素分析的方法，它是用加速器产生的高速带电粒子轰击待测样品靶，样品中不同元素的原子会发生内壳层电离，使壳层留下空位。具有壳层电子空位的原子处于激发态，电子将重新排列，外壳电子向内壳层跃迁，从而发射出不同能量的特征 X 射线。由特征 X 射线能量可确定样品中元素的种类，特征 X 射线谱峰的强度反映元素的含量。见图 6-18 的原理示意图。

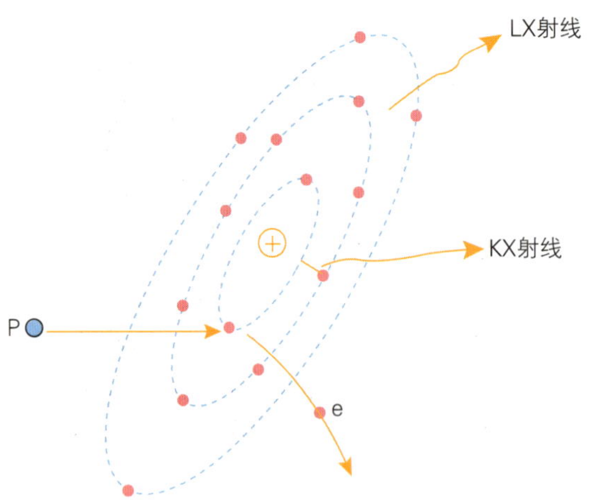

图 6-18 质子激发 X 射线荧光原理图

在 PIXE 中，可以将原始的样品（如金属、粉末、生物组织等）直接作为靶进行分析，也可以将样品进行灰化、溶解等处理，然后置于衬底膜上作为靶进行分析。PIXE 分析具有灵敏、快速、取样少和无损分析的特点。此方法对大多数元素（$Z \geqslant 12$）是很灵敏的，其相对灵敏度为 PPM 量级，可检测的元素含量下限为 10^{-16}g。

三、PIXE 分析装置

PIXE 通常采用加速器产生的 Mev 量级的质子或 α 粒子直接激发样品元素的特征 X 射线，并用半导体 Si（Li）探测器和计算机多道分析系统来探测和记录这些特征 X 射线。所以 PIXE 的分析装置主要由加速器、分析靶室、半导体 Si（Li）探测器和计算机多道分析系统四部分组成。将样品置于真空靶室中的分析称为真空 PIXE。随着分析技术的发展和实际应用的需要，外束 PIXE 分析技术越来越受到人们的重视，外束 PIXE 是将质子束从加速器的真空管道中引出，在大气中对样品进行分析，由于分析的样品形状和大小都不受限制，因此外束 PIXE 特别适合对珍贵文物和完整器物的无损分析。图 6-19 为北京师范大学的外束 PIXE 分析装置。

图 6-19　北京师范大学外束 PIXE 分析装置

四、PIXE 在考古中的应用

质子 X 射线荧光（PIXE）方法具有多元素同时分析、灵敏度和精度也相对较高和不破坏样品等的优点，在文物的起源、工艺技术以及艺术品的研究方面有广泛的应用。

石榴石，中国古代称为“紫牙乌”或“子牙乌”。常见的石榴石为红色，但其颜色的种类十分广阔。在《圣经》的故事中，有说法认为诺亚方舟正是用石榴石照明。希腊神话中，哈底斯在交还珀耳塞福捏时给她吃下石榴籽，令她必须在一定时间内回到冥界，因此石榴石也具有忠诚、真实和坚贞的意义。

在中世纪初期，地中海沿岸盛行石榴石首饰，其中红色的石榴石在珠宝首饰中占有重要地位。亚历山大大帝东征以后，印度的石榴石大量流入西方，一般作为凸圆形宝石镶嵌在金首饰上，或制成珠子项链或垂饰，如图 6-20。

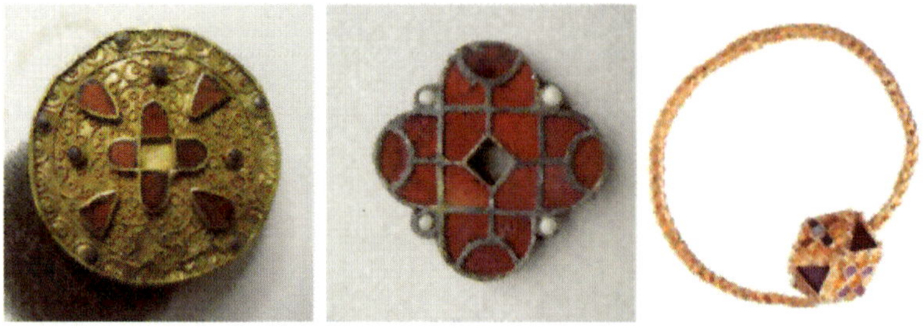

图 6-20　在 Grez-Doiceau 墓地发现的珠宝

图 6-21　外束 PIXE 分析 Aregonde 王后的胸针

T.Calligaro 采用外束 PIXE 分析了在皇家墓地圣德尼教堂出土的镶在 12 件珠宝上的 350 颗石榴石。其中有一对胸针（图 6-21）是克罗泰尔一世的妻子（Aregonde 王后）的物品，目前被陈列在法国卢浮宫。

经研究发现，PIXE 分析的这 12 件珠宝上的石榴石主要是分为 3 种类型，其中有 10 件是用铁铝石榴石装饰的，一件是镁铝石榴石，还有一件珠宝镶的是铁镁铝石榴石。PIXE 分析了石榴石的成分得出 MgO，CaO 和 Y_2O_3 这三种化合物的含量是决定石榴石产地的主要因素。与其他文献作了对比后得出，铁铝石榴石可能是采自印度，而铁镁铝石榴石可能是从斯里兰卡进口的，镁铝石榴石可能是来自波西米亚。

青铜器是指以青铜为基本原料加工而制成的器皿、用器等，诞生于人类文明的青铜时代。质子 X 荧光分析技术对青铜器物做无损分析是具有重要意义的。在 1979 年，复旦大学杨福家院士等人利用 PIXE 方法对我国古代越王勾践剑进行了无损分析。越王勾践剑是出土于湖北省荆州市附近的望山楚墓群中，剑上用鸟篆铭文刻了“越王勾践，自作用剑”八个字，其剑长64.1cm，宽5cm，表面有黑色花纹，剑阁上嵌有琉璃和绿松石等饰物（见图6-22）。

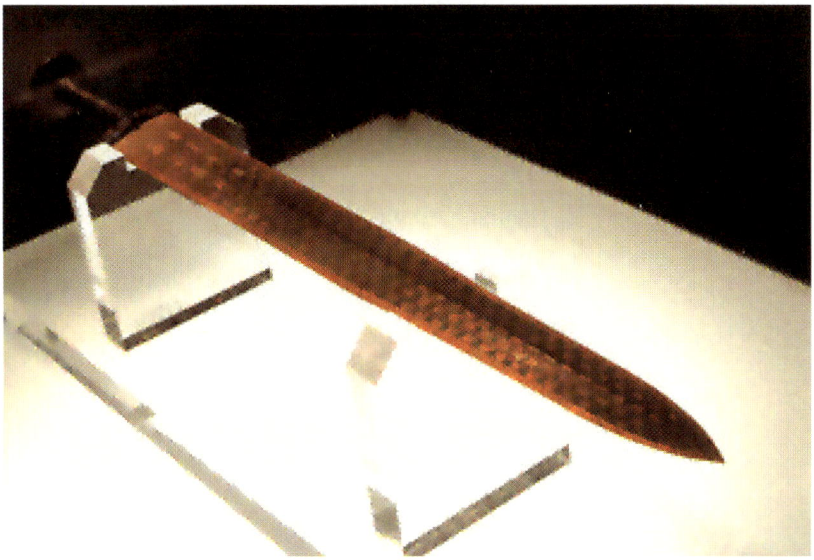

图6-22　越王勾践剑

越王勾践剑让人惊奇的是，这把青铜宝剑在地下深埋了两千多年，但剑身丝毫不见锈斑。它千年不锈的原因是什么呢？科学家对剑上的黑色和黄色花纹以及饰物处都做了成分分析。图6-23是黄色花纹处的PIXE能谱，主要成分是Cu和Sn，另外还发现了Pb的含量，Cu，Sn和Pb的合金硬度比较大，使得剑比较锋利，这也充分反映了我国古代冶炼水平的高超。在黑色花纹的地方发现了S，认为古代工匠曾用硫或硫化物处理了剑的表面，使之生成黑色的Cu_2S或Fe_2S保护层，起到很好的防锈作用。另外，从琉璃的PIXE分析中发现了大量的K和Ca元素，这说明剑阁上的琉璃属K、Ca玻璃，是我国发现最早的K、Ca玻璃。

众所周知，对于古画、纸张的分析，考古学家尤为关心纸张表面的结构和所用颜料的成分。PIXE无损分析非常适合对这些文物的研究。瑞典学者A.-M.B.Olsson采用微束PIXE对古埃及用于《死亡之书》上的颜料进行了分析。《死亡之书》是古埃及所留传下来的著名文献，也是一种陪葬物品，上

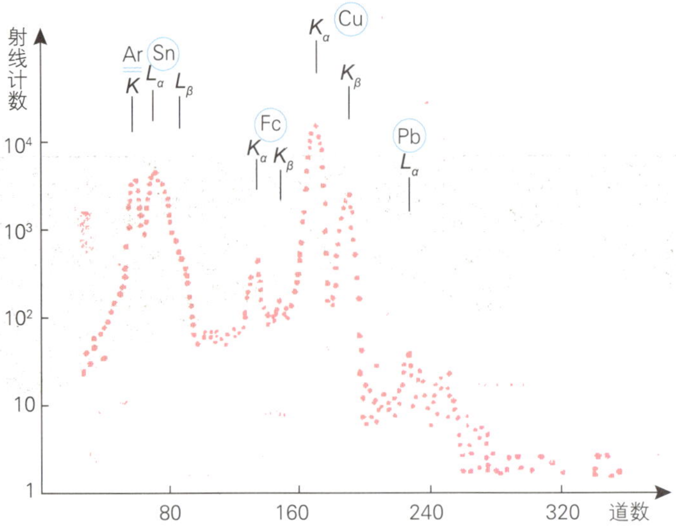

图 6-23 黄色花纹处的 PIXE 能谱图

面记载着用来帮助死者在来世渡过难关，等到永生的咒语，古埃及人把这些咒语写在用水生植物纸莎草芯制成长长的纸卷上，并配以插图，随死者埋葬（图 6-24）。

图 6-24 古埃及《死亡之书》中的片段

A.-M.B.Olsson分析的这一幅是属于第十九王朝时期的纸莎草纸，如图6-25所示，微束 PIXE 分析了不同部位，40 多个点。其中包括裸露的纸莎草、象形文字的墨汁，线条和插图中的各种颜色。

图 6-25 第十九王朝时期的纸莎草纸

经研究发现，纸莎草中主要含有 Si 和 Ca 这两种元素。在黑色象形文字的墨汁中没有测到任何明显的元素，推断这些墨汁成分主要是碳，红色的墨汁中含有大量的 Fe，成分应该是赤铁矿。红色线条的成分与红墨的是一样的，插图中橘红色区域含有高的 Fe，此外还有 Si、Al、Ca 这些元素，是各种 Fe 的氧化物和黏土、硅土混合起来形成的颜料。图中女神腿部位的黄色区域主要元素是 As，当时古埃及人已经用雌黄（AsS_2）作颜料。在蓝色部位用的是埃及蓝的一种颜料，白色颜料中主要是 Sr 和 Mg。

图 6-26 故宫馆藏元青花缠枝牡丹纹罐

PIXE 分析技术也广泛地应用于陶瓷的产地、年代和加工工艺的研究。以青花瓷为例，青花瓷（图 6-26）是我国瓷器的著名品种之一，属于釉下彩瓷。采用含有氧化钴的钴矿作为原料，在陶坯体上描绘纹饰，然后在其上面罩一层透明釉烧制而成。

目前，对景德镇古代青花钴料来源的研究是陶瓷界的热点之一。最早的研究始于英国牛津大学博物馆考古实验室的学者，他们认为景德镇元至明初所用青花钴料来自波斯。日本的学者有两种观点，一种认为，景德镇元代所采用的青料源自西域的 Smalt 玻璃料；另一种认为，中国景德镇青花瓷采用的钴料是由来自远东的花绀蓝与钴土矿配合而成。而中国科技界有学者认为，元代景德镇青花钴料很可能源于中国西部的青海、甘肃一带的钴矿源。承焕生学者对景德镇官窑元、明（洪武、永乐、宣德、成化和嘉靖）以及清的青花钴料做了 PIXE 分析并分析了它们的来源。清代青花上的 Mn/Co 和 Fe/Co 的值与浙江、福建、江西等地的钴土矿比值相一致。元代和明（洪武、永乐）时期青花的 Mn/Co 和 Fe/Co 的值与中国现有钴矿的比值是不相同的，并且很多学者认为这个时期的钴料是随着丝绸之路来源于伊朗、埃及等地。并且发现明宣德以前官窑青花钴料含高 Fe 低 Mn，而宣德及以后的青花钴料为高 Mn 低 Fe。

综上所述，文物的无损分析在考古研究中是非常重要的一个研究方向。近年来，由于社会需求的不断增加，现代分析技术的发展以及应用研究的不断深入，使得无损分析手段在考古研究领域介入成为了一种必然的趋势。